U0499476

JISHUQUN SHIJIAOXIA CHANYE CHUANGXIN WANGLUO
RENXING DE YINGXIANG YINSU YU ZUOYONG JIZHI

技术群视角下产业创新网络
韧性的影响因素与作用机制

李莉 ◎著

中国财经出版传媒集团
经济科学出版社
Economic Science Press
·北京·

图书在版编目（CIP）数据

技术群视角下产业创新网络韧性的影响因素与作
用机制/李莉著. －－北京：经济科学出版社，2024.5
ISBN 978 － 7 － 5218 － 5928 － 7

Ⅰ.①技…　Ⅱ.①李…　Ⅲ.①产业经济 － 创新管理 －
研究　Ⅳ.①F062.9

中国国家版本馆 CIP 数据核字（2024）第 105404 号

责任编辑：刘　莎
责任校对：徐　昕
责任印制：邱　天

技术群视角下产业创新网络韧性的影响因素与作用机制

李　莉　著

经济科学出版社出版、发行　新华书店经销
社址：北京市海淀区阜成路甲 28 号　邮编：100142
总编部电话：010 － 88191217　发行部电话：010 － 88191522
网址：www. esp. com. cn
电子邮箱：esp@ esp. com. cn
天猫网店：经济科学出版社旗舰店
网址：http：//jjkxcbs. tmall. com
固安华明印业有限公司印装
710 × 1000　16 开　13 印张　200000 字
2024 年 5 月第 1 版　2024 年 5 月第 1 次印刷
ISBN 978 － 7 － 5218 － 5928 － 7　定价：59.00 元
（图书出现印装问题，本社负责调换。电话：010 － 88191545）
（版权所有　侵权必究　打击盗版　举报热线：010 － 88191661
QQ：2242791300　营销中心电话：010 － 88191537
电子邮箱：dbts@ esp. com. cn）

基 金 资 助

教育部人文社会科学研究青年基金项目（23YJC630083）；河南省高等学校哲学社会科学基础研究重大项目（2022-JCZD-27）；河南省哲学社会科学规划项目（2023CJJ196）；河南省高校人文社会科学研究一般项目（2024-ZZJH-036）；郑州轻工业大学青年骨干教师培养对象资助项目；郑州轻工业大学基础研究基金资助项目；郑州轻工业大学博士科研基金资助项目（2021BSJJ050）。

前言
Preface

随着开放式创新的实施和全球化进程的加速，打破地理边界的产业创新网络越来越受到广泛关注。然而，该网络极易受多重影响面临脆弱、失灵甚至毁灭的危机，如市场环境和产业政策的变迁、颠覆性技术的出现等外源性冲击和网络结构属性等内源性故障。如何构建具有韧性的产业创新网络，为实施技术创新的主体搭建一个平稳有序的创新平台，从而实现产业技术进步和经济增长，已成为学界和业界密切关注的重大课题。

"技术群体"现象是近年来产业创新网络演进过程中的普遍趋势，其涉及的技术主体范围广、交互内容复杂，如何有效的认识和治理技术群体耦合日渐成为提升产业创新网络韧性的突破口。梳理以往研究发现，产业创新网络是一个多层级、动态演化的耦合系统，网络中微观组织的动态行为是影响技术群体实施耦合的最基本动因；技术群体交互具有关系和知识二相性，需要综合探究技术群体关系耦合和知识耦合对创新网络抗毁性的作用；结构视角和功能视角全面反映了产业创新网络的宏观运行结果，因而分析结构和功能维度的创新网络抗毁性才更为完整。综上所述，极有必要探索微观技术主体的动态社群行为影响技术群体耦合的驱动机制，并分别从"关系—知识"维度挖掘技术群体耦合与产业创新网络结构抗毁性和功能抗毁性的作用机制。

本书以新能源产业创新网络为研究对象，构建"技术群体耦合的动因及其影响产业创新网络抗毁性作用关系"的理论框架，以技术群体耦合的两种表现－－关系耦合和知识耦合为切入点，旨在解决以下三个问题：第一，处于网络微观层级的技术群体内的成员在网络演化过程中所表现的动态社群行为有哪些，它们如何驱动技术群体实施关系耦合和知识耦合活动。第二，探索技术群体的关系耦合与产业创新网络结构抗毁性和功能抗毁性之间的作用机制，并考察网络集聚结构的中介效应，以及产业内技术主体实施内向型与外向型开放式创新广度非对称和深度非对称的调节效应。第三，探索技术群体的知识耦合与产业创新网络结构抗毁性和功能抗毁性之间的作用机制，并考察网络结构同质性的中介效应，以及产业技术动态性和网络技术多样性的调节效应。

本书从微观成员的行为层面，描述了技术群体的形态变化，如组建、扩张、合并、分裂、萎缩、衰亡，这有助于理解微观层面的组织"抱团"背后的表现。研究发现维持产业创新网络韧性需要重视技术群体之间的关系耦合和知识耦合的关键作用。从预防创新网络结构脆弱性和知识固化来看，政策部门应适当鼓励新能源企业跳出以往紧密合作的"舒适圈"，延伸知识触角至其他技术群体，这不仅能防范知识锁定的风险，同时也有益于产业创新网络中知识扩散渠道的多样化。而且，不仅要呼吁企业关注长期固化的"小圈子思维"带来的弊端，如短视、创新能力不足等，还应积极建立产业研发平台，发起创新合作项目，举办技术交流论坛、座谈会或研讨会，以及借助技术中介组织，搭建不同技术群体之间的知识共享的平台，推动技术群体耦合的发生。

研究还发现，有效预防产业创新网络被恶意引导或操控，避免造成知识锁定、网络僵化和迈向错误的演进方向极其重要。因此，政策部门可以向产业创新网络中的新兴中小企业、初创企业等提供以产品和过程为导向的技术服务、咨询，或尝试通过政府补贴的方式鼓励处于网络边缘位置的企业与核心大企业建立技术联系。此外，应推动"内向型"和"外向型"双向开放式创新模式，引导产业技术呈现多样性趋势，配合技术群体开展耦合活动，共同增强产业创新网络的韧性。

作　者
2024 年 3 月

目录
Contents

1 绪 论

1.1 研究背景

1.1.1 现实背景

在市场一体化、竞争全球化的知识经济时代，技术创新的费用越来越高、风险也越来越大，企业愈发难以依靠自身独立地完成技术创新，开放组织边界搜寻并利用外部知识资源已经成为流行趋势。[1] 随着合作创新的多样化和知识交流的深化，由各类技术主体通过实施开放式创新活动构建的正式或非正式关系网络，日渐成为技术创新的重要组织形式。技术创新活动的模式也逐渐从"封闭单一式"转型为"开放网络式"。对企业组织而言，产业创新网络作为创新资源流动和扩散的重要载体，为成员间的优势互补和风险共担提供重要的网络支撑。对区域、产业乃至国家而言，产业创新网络是提升技术竞争力和促进经济增长的重要途径。然而，市场环境的变幻、产业政策的运行、主体间创新交互等，给产业创新网络带来了诸多不确定性，使其面临较强的动荡性和高失败性，甚至在遭受内源性故障或外源性冲击后逐渐丧失竞争优势，从而衰败或毁灭。

现实中的不少实例表明，产业创新网络在内外部故障或冲击下，遭遇着某种程度的破坏而具有脆弱性，从而进一步凸显了研究网络抗毁性的必要性。例如，曾经著名的底特律汽车产业集群创新网络，未能经受住全球汽车产业危机的冲击，而且在内部路径依赖的作用下遭遇结构僵化的负效应，逐渐走向衰落和破产。[2]美国128公路高科技产业集群网络，在建成初期强烈依托政府提供的军需订单，长此以往不仅形成了固化的局部根植性和路径依赖，造成区域锁定渐渐丧失了灵活性；而且，还演化出以大型垄断企业为核心的轮轴式网络结构，致使产业面临核心组织失灵而毁灭的风险；另外，由于中小企业围绕大企业的技术和产品标准运转，在遭遇市场变化和技术变革时难以及时转型，也加剧了衰退的趋势。[3]丹麦无线通信产业集群创新网络，曾在20世纪90年代得益于移动通信行业的快速发展而迅猛发展，受2G通信技术转型的影响遭受过短暂的破坏后又重新恢复正常运转；然而随着3G通信技术的兴起，许多企业却还沉醉在原先的认知锁定和知识锁定之中，未能适应新技术环境的变化，致使网络难以恢复如初；更严重的冲击来自2007年前后iPhone和Android智能手机的推出和全球金融危机，两个核心参与者——摩托罗拉和德州仪器的退出，导致了该产业衰落。[4]21世纪初，北京中关村产业集群网络的演进高度依赖于少数大企业——IT产业的联想、方正，但却带来了技术锁定效应，引发脆弱性风险。[5]

　　尽管从生命周期的角度来看，创新网络经历着萌芽期、成长期、成熟期和衰退期等阶段，但面临多重不确定性冲击和故障，在长期动态演进过程中能够持续、稳健发展的只是少数。[6]很多创新网络在萌芽期，就由于过高的企业死亡率和过低的成长率陷入困境，也有一些创新网络在成长期被锁定在次优甚至是无效率的发展路径上，导致网络失灵。虽然成熟期的创新网络自身拥有一定的弹性去缓解风险冲击，但如何维持其长期的平稳发展，仍悬而未决。此外，当技术更新换代或出现颠覆式技术时，维持一个韧性较强的创新网络平台无论对企业还是产业来说，依然具有重大意义。因为，一个正在解体或消散的网络将无法使企业之间顺利开展合作创新、分担创新风险，而且企业为实现创新产出所付出的前期积累将付诸东流。[7]对产业而言，将要被破坏或毁灭的创新网络不仅使构建和治理该网络所花费的前期治理成本变得沉没，也丧失了获取预期经济回报或技术收益的可能性。[8]需要说明的是，构建抗毁性强的产业创新网络并非意味着网络成员及其之间关系的一成不变，而是随着动态演进，网络在遭受内外部冲击后仍能维持结构鲁棒性和功能运转效率的能力。

在这种现实背景下，如何提升产业技术创新网络平稳运行的韧性，日益成为业界亟待解决的重点问题。经济合作与发展组织（OECD）发布的《科学、技术与创新展望 2018》报告认为，传统的"末端"监管手段（如风险评估）往往是不够的而且缺乏灵活性，须向"上游"实施预防和参与式治理。近年来，企业创新活动已从单个企业行为，逐渐转化为网络内企业间合作的"群体式"创新行为，产业技术创新网络中呈现出局部凝聚的子群化趋势。不少学者尝试从联盟派系、网络社群或凝聚子群、技术群体等方面开展相关研究，在创新领域掀起了一阵热潮。例如，国内掌握新能源汽车"电驱、电池、电控"核心技术的上汽集团与最大的动力电池制造商宁德时代，共同致力于新能源电池技术的开发，形成了技术团簇。不仅网络中具有相似技术源的微观技术主体之间的创新合作逐渐朝中观"群体"转变，而且跨技术群体边界的创新交互日益成为一种普遍现象。对产业创新网络的治理而言，技术群体之间的交互活动涉及的主体范围广、交互内容复杂，因而对网络平稳运转具有重大影响。因此，怎样更好地治理技术群体之间的交互活动，有效预测、适应和缓解内外源风险，构建具有抗毁性的产业创新网络，已经成为学界和业界面临的一个严峻挑战。

1.1.2 理论背景

围绕创新网络抗毁性的影响因素，现有文献已经从整体网层级、中观社群层级和微观组织层级进行了诸多探索。由于国内外研究通常应用两种互补视角开展创新网络的研究，其一是全局网络（whole-network）视角，其二是自中心网络（ego-network）视角，因此在宏观网络层级和微观组织层级涌现了创新网络抗毁性较多的研究成果。然而，聚焦中观社群层级的研究却较为匮乏，亟待弥补以填补创新网络抗毁性的多层级研究视图。

借鉴社会网络和复杂网络的方法，学者们已经发现宏观网络层级下的网络规模、网络密度、小世界性、核心—边缘结构、网络层级性、网络中心势、网络结构同质性等宏观结构属性，能在一定程度上阐释影响创新网络的结构抗毁性或功能抗毁性的机理。而且，还有一些学者从动态级联抗毁性的角度进行研究。动态级联抗毁性的文献大多采用计算机仿真模拟的方法，预设创新网络遭受内外部冲击，蓄意破坏网络行动者或关系，引发连锁失效，探究创新网络结构和功能受损的程度。其中，产业政策的改变、技术变革、市场重心的转移，以及知识产权政策的变化等，是创新网络演进过程中通常会遇到的外部冲击类型。在微观组织层级，聚焦核心企业失灵、微观个体交互的研究结论也表明会对创新网络稳定运行造成影响，但未达成一致，其内在机理有待于进一步明晰。

微观技术主体的交互失灵问题，较早就被学界视为影响创新网络平稳运行的关键因素。现有研究认为，存在两种造成创新网络失灵的机制：一种是"强网络失灵"，即过于强烈的交互带来了过度嵌入和知识锁定，导致创新网络因僵化而失灵；另一种是"弱网络失灵"，即过于稀疏的交互阻碍了异质资源的流动，使网络成员失去创新活力，导致网络丧失成长优势而失灵。但是，先前研究并未阐明其中的作用机理。在创新网络中，由于个体资源禀赋的匮乏，创新的实现并非依靠单一企业独立行动就能成功，而是来自具有互补性资源的技术主体之间的互补性和兼容性交互即耦合。因此，将微观技术主体的交互活动拓展到技术群体层面，探索技术群体耦合对创新网络抗毁性的影响机制极有必要。

然而，梳理相关研究发现，学界对技术群体耦合这一现象的表现及形成的背后动因还缺乏足够的探索，而且大部分的文献局限在"自中心网"视角沿着 SCP 范式即"结构—行为—绩效"的模式，探索网络社群的静态属性与组织创新的影响关系。不仅忽略了对动态社群行为的探讨，而且仅有少许文献指出，社群结构属性如社群凝聚和社群桥接对网络连通性、创新扩散的影响，但缺乏从"结构—功能"维度完整地探索对创新网络抗毁性的影响关系。鉴于此，本研究从网络社群视角切入，重点探究技术群体耦合与创新网络抗毁性的影响关系。

1.2 研究问题

本书以产业创新网络中技术群体的交互为研究切入点，借用物理学中"耦合"的概念即两个及以上模块之间的互补性与兼容性交互活动，界定技术群体耦合。本文探究的主要问题是：产业创新网络中涌现技术群体耦合现象的动因是什么，有哪些具体表现，以及该现象会对网络平稳运行产生什么样的结果。

因此，首先要探讨为什么产业网络中会涌现出技术群体耦合的现象，并阐述其背后的动因，具体在考虑网络动态性的基础上从微观技术主体的动态群体行为视角入手开展研究；其次，按照网络节点的"关系—知识"二相性，阐明本研究中技术群体耦合的具体表现包括关系耦合和知识耦合两个维度。进一步地，分别探讨技术群体关系耦合、技术群体知识耦合影响产业创新网络抗毁性的作用机理。基于以上构思，本书旨在具体解决以下三个模块的问题：

（1）微观技术主体的动态行为有哪些，它们是驱动产业创新网络中出现技术群体耦合现象的原因吗？它们分别与技术群体耦合的两种表现——关系耦合和知识耦合之间有着什么样的影响关系？

第一个模块的研究聚焦在技术主体的动态群体行为如何影响技术群体之间实施耦合活动，又有哪些情境变量可能会调节二者的作用关系。因此，首先要解决的问题是理解技术主体具备的动态群体行为有哪些？网络动态理论指出，成员的进入和退出持续体现在网络演化的进程中。就技术群体而言，成员的动态表现有两种，其一是入群、退群，以及跨群成员迁移活动等，其二是成员在不同的群体之间有目的地流转。其次，要回答的是动态群体行为与技术群体关系耦合、技术群体知识耦合的影响机制，其作用关系是否受到某些情境因素的调节。目前，仅有少许研究立足自中心网层面，研究网络社群的内部成员变动和成员跨群流动行为，但侧重于解答该类行为对创新绩效的关系，而揭示其作为动因驱动技术群体耦合机理的研究还相当匮乏。鉴于此，本研究首先将研究视角聚焦于成员的动态群体行为，来探讨技术群体耦合的动因。

（2）技术群体的关系耦合如何影响产业创新网络抗毁性？是直接影响关系吗？抑或存在一些因素能更进一步将二者衔接起来？其影响关系是否以及如何受到来自产业创新网络因素、技术群体属性或技术主体的开放式创新活动的影响而发生权变效应？

第二个模块的研究聚焦在技术群体耦合上，侧重于从关系维度探索技术群体关系耦合作用于产业创新网络抗毁性的直接效应、中介机制和调节效应。首先，需要阐明的是技术群体的关系耦合如何直接影响产业创新网络的结构抗毁性、功能抗毁性。根据网络嵌入理论，技术群体发生关系耦合的过程会引起网络资源、网络权力和网络地位的再分配，从而震动产业创新网络原先的结构并影响其功能运转。其次，探讨网络集聚结构是否以及如何在技术群体关系耦合与产业创新网络的结构抗毁性、功能抗毁性的关系中扮演中介角色？现有研究认为，网络集聚结构不仅与技术群体之间的关系耦合活动息息相关，还是决定网络抗毁性的关键因素之一，但将三者纳入同一框架的研究还较为稀缺。据此，本研究试图阐释网络集聚结构如何揭开技术群体关系耦合与产业创新网络的结构抗毁性、功能抗毁性作用关系的黑箱。最后，探讨技术主体实施内向型开放式创新与外向型开放式创新活动的广度不对称和深度不对称在产业内的集体表现，对技术群体关系耦合与产业创新网络结构抗毁性、功能抗毁性作用关系的权变影响。

（3）技术群体的知识耦合如何影响产业创新网络抗毁性？是直接影响关系吗？抑或存在一些因素能更进一步将二者衔接起来？其影响关系是否以及如何受到来自产业创新网络因素、技术群体属性或技术主体创新活动的调剂?

第三个模块的研究依旧聚焦在技术群体耦合上,与第二模块的侧重点不同,该模块的研究重点在于从知识维度,剖析技术群体知识耦合作用于产业创新网络抗毁性的直接效应、中介机制和调节效应。首先,需要阐明的是技术群体的知识耦合如何直接影响产业创新网络的结构抗毁性、功能抗毁性。知识耦合往往是主体或群体受到原动力如获取竞争优势、提升创新能力的刺激,而引发的互补性和兼容性知识流动,因而会搭建连通的网络关系实施知识共享、转移和创造,影响产业创新网络抗毁性。其次,需要回答网络结构同质性是否以及如何在技术群体知识耦合与产业创新网络的结构抗毁性、功能抗毁性的关系中发挥中介效应?结构同质性作为一种趋同连接属性,被认为是直接影响创新网络抗毁性的关键因素之一;而技术群体内部的趋同聚集和群间趋异倾向,与网络的结构同质性建立了关联,因而亟待将三者纳入同一框架探讨其作用关系。据此,本研究将以结构同质性为中介变量,试图揭开技术群体知识耦合与产业创新网络的结构抗毁性、功能抗毁性作用机制的面纱。最后,探讨产业创新网络所具备的技术多样性和外部技术环境的动态变化作为情境因素,是否调剂技术群体知识耦合与产业创新网络结构抗毁性、功能抗毁性的关系。

1.3 研究意义

基于网络动态理论和网络层级的相关研究,从技术群体耦合切入,构建"技术群体耦合的形成机理",以及"技术群体耦合影响创新网络抗毁性的作用机理"研究框架。本书先后进行三部分的实证研究,包括:基于微观成员动态群体行为的视角,阐述技术群体关系耦合和技术群体知识耦合的动因;技术群体关系耦合对产业创新网络结构抗毁性、功能抗毁性的影响关系;技术群体知识耦合对产业创新网络结构抗毁性、功能抗毁性的影响关系。本书的理论意义和实践意义如下:

1.3.1　理论意义

第一，从微观成员的动态群体行为视角拓展了技术群体耦合的驱动因素研究。先前研究大多基于"结构—行为—绩效"的 SCP 范式，从静态视角探讨群内关系、群外关系对微观层面的组织创新活动的影响。探究技术群体在网络宏观层面、中观层面和微观层面动态涌现特征的文献较少且零散，难以建立起不同层级之间技术群体分化特征的关联。本研究着重探讨了微观成员的两种动态群体行为，即群体成员变动和成员跨群流动，驱动技术群体实施关系耦合和知识耦合的作用机制，丰富了技术群体在微观和中观层面的关联研究。另外，本研究从微观成员的动态群体行为视角出发，进一步识别出了技术群体在中观和宏观层面的动态特征，不仅清晰地观测每个网络层级横切视角下的技术群体表现，还从网络立面探究网络纵向时序下技术群体动态演进的变化趋势。

第二，从技术群体耦合这一网络社群层级弥补了产业创新网络抗毁性的前因因素研究。一方面，在网络范式被引进创新领域的数年间，复杂网络和社会网络方法位居主流，学者们挖掘了影响创新网络平稳运行的诸多全局网络层级因素和微观技术主体层级因素，但在网络社群层级仍显不足。从技术群体视角切入产业创新网络抗毁性的研究，不仅能弥补现有中观社群层级研究的空缺，还可以丰富中观网络社群和宏观网络结果的关联研究。另一方面，本书将焦点放在技术群体的互补性和兼容性交互即耦合上，分别探讨技术群体耦合对产业创新网络结构抗毁性和功能抗毁性的作用机制，能够丰富和完善以往仅单一探究结构或功能维度网络抗毁性的缺陷。

第三，从关系和知识维度深化了技术群体耦合与产业创新网络结构抗毁性和功能抗毁性的关系研究。微观组织层面的创新交互关注的是交互关系的强弱，并未强调交互中的知识流动，然而创新网络中的主体是资源的集合体，而且交互动机和目的往往都是为了获取互补资源，因此忽略知识流在技术群体耦合中的作用，难以完整阐释其对创新网络抗毁性的作用关系。鉴于此，本研究从"关系—知识"角度解构技术群体耦合，并分别深入探究微观成员的动态群体行为对技术群体关系耦合、知识耦合的驱动机理，以及技术群体关系耦合、知识耦合对产业创新网络结构抗毁性和功能抗毁性的作用机制，以期较为完整地阐释技术群体耦合影响产业创新网络抗毁性的作用机制。

1.3.2 实践意义

第一，把握技术群体在产业创新网络演化进程中的动态表现，尤其是从群体成员变动和跨群流动的角度来调控技术群体耦合活动，对构建抗毁性较高的创新网络会产生重大间接影响。由于资源禀赋和环境不确定的变化，企业间合作降温、破裂会带来"退群"和重新"入伙"的局面。例如，在新能源领域，拥有太阳能发电系统业务的美国特斯拉和日本松下，曾是锂电池技术的长期合作伙伴，但在 2019 年二者关系出现了降温，美国特斯拉先后与韩国 LG 化学、中国宁德时代开展合作，而日本松下转而拥抱日本丰田。这些技术群体微观成员的动态行为，看似与产业创新网络的稳定发展并无关联，殊不知群体成员变动和成员跨群流动是驱动技术群体耦合的直接因素。产业创新网络的成员繁多且不断存在着新成员的涌入或旧成员的退出，可以从动态群体行为入手，注意不同群体之间的技术异质程度和网络中介位置差异程度，引导技术群体之间开展关系耦合和知识耦合，从而为产业创新网络的有序发展奠定基础。

第二，有效治理技术群体的关系耦合，改善网络集聚结构的态势，有助于构建结构抗毁性和功能抗毁性较强的产业创新网络。在实践中，一些网络成员通过紧密的技术交流和合作形成了小规模的社群或创新联盟，技术群体分化已经是普遍存在的现象。通过制定政策措施，鼓励不同的技术群体之间开展关系耦合，不仅有助于直接提升产业创新网络的结构鲁棒性，还能有效促进创新扩散。与此同时，技术群体关系耦合可以缓解网络整体形态的集聚态势，间接帮助构建一个稳定的产业创新网络。在此过程中，需要密切关注产业内技术主体实施内向型和外向型开放式创新活动的非均衡性，并与调控技术群体关系耦合的措施适配，对构建抗毁性较高的产业创新网络具有指导意义。

第三，有效治理技术群体的知识耦合，缓解网络结构同质性的程度，对构建结构抗毁性和功能抗毁性较强的产业创新网络十分有益。在鼓励建立创新社群和技术联盟的同时，不能忽视群体之间的技术交流和知识共享。往往成长和成熟期的产业创新网络极有可能被少数核心组织成员把控，形成垄断局面，使得网络成员按照其技术标准开展相关技术活动，从而带来同质化和知识锁定的风险。技术群体之间的知识耦合活动正是对此种风险的有效应对，由于产业内的不同技术群体之间存在着知识上的兼容性和异质性，因而，开展技术群体知识耦合能有效缓解结构同质性的弊端，对维护产业创新网络的平稳运行有间接促进作用。在此过程中，还需密切关注产业技术环境的动态变化，同时注意保障产业内的技术多样性，做到早预防及时调控，从而实现具有抗毁性较强的产业创新网络的持续运行。

1.4　研究方法与技术路线

1.4.1　研究方法

本书采用文献分析、理论分析、社会网络分析和统计回归分析相结合的方法，考察技术群体耦合的动因及与产业创新网络抗毁性的作用机制。具体而言：

（1）文献分析和理论分析

本研究采用文献分析方法对相关文献进行综述，具体通过回顾产业创新网络、网络层级理论、网络动态研究、关系嵌入理论和知识流动研究等，奠定本研究的基础。在梳理相关文献的基础上，界定本研究中产业创新网络抗毁性的概念和维度，以及产业内技术群体耦合的概念、维度。另外，分别回顾了产业创新网络抗毁性在微观组织、中观社群和全局网络视角下的影响因素，技术群体耦合的动因和结果。在综述先前研究的基础上，发现遗漏、不足和局限之处，奠定从技术群体层面研究关系耦合和知识耦合与产业创新网络抗毁性作用机制的动机。此外，本研究通过理论分析，构建研究的总体框架。

（2）社会网络分析

本研究采用社会网络工具 Ucinet 6.204 对样本进行可视化拓扑分析和整体网结构分析。同时，在揭示微观成员的动态社群行为视角驱动技术群体耦合的机理时，也采用了网络拓扑分析，从网络剖面视角和纵向时序视角，依次识别产业创新网络中微观成员变动和跨群流动、中观技术群体动态属性和宏观群体林立情况。另外，本研究采用社会网络分析中的"网络视角"，执行技术群体耦合的动因研究，以及技术群体关系耦合、知识耦合与产业创新网络抗毁性的作用关系研究。具体而言，本研究的分析单元为产业创新网络，相关理论分析、变量测度，以及关系研究均在网络层面开展。

（3）统计回归分析

本研究采用实证分析方法研究技术群体耦合的驱动机制及其与产业创新网络抗毁性的影响关系。具体地，在研究准备部分详细描述了研究对象的选择、数据获取与处理，以及样本构建等。针对本研究的三个研究问题提出假设和关系框架之后，依次测度变量，运用 SPSS 24.0 进行变量描述性统计和相关性检验。并且，采用层级回归分析方法和 Bootstrap 检验对变量间的直接影响关系、调节关系和中介关系进行验证，以检验假设的支持与否。最后根据假设验证情况，展开回归模型结果的讨论。

1.4.2　技术路线图

结合本书的研究思路、研究内容和研究方法，形成如图 1.1 所示的技术路线。

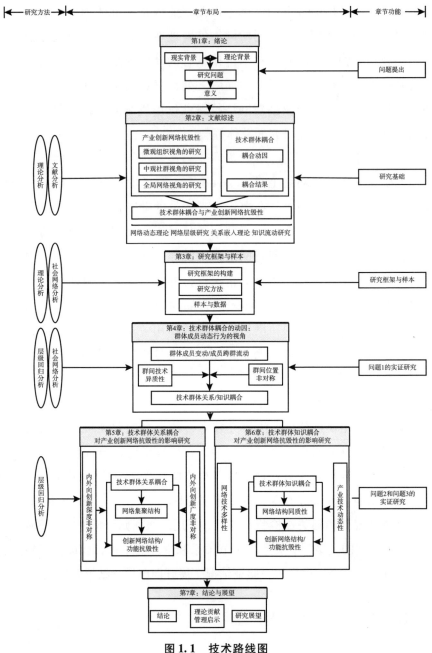

图 1.1　技术路线图

2 文　献　综　述

2.1 基　本　概　念

2.1.1 产业创新网络

自弗里曼（Freeman）在 1991 年提出创新网络[9]的概念以来，网络范式的创新研究已历经 30 多年的发展，研究对象涵盖企业创新网络、产学研协同创新网络、联盟合作创新网络、技术创新网络、产业集群创新网络、国家/区域创新网络等。其中，技术创新网络是在不确定技术创新环境下，企业为突破资源禀赋的有限性而基于共同的创新目标组成的松散耦合系统。学者们（例如，Shih & Chang，2009；Zhang et al.，2020）[10,11]往往将产业创新网络视为技术创新网络在某一产业中的具体应用，也有一些研究进一步指出了其概念和内涵。

例如，王伟光等（2015）[12]认为产业结构因素、资源分散性和创新主体间互补性共同驱使了产业创新网络的形成，而且作为应对系统性创新的一种制度性安排，产业创新网络通过企业间的正式和非正式关系，获得知识和互补性资产，促进知识创造与流动。海登里希等（Heidenreich et al.，2016）[13]指出，产业创新网络是各种组织为协调产业研发创新活动，而形成的一套纵向和横向合作关系，其首要目标是共同促进创新。万炜（2017）[14]认为，产业创新网络指产业内的行为主体，在长期正式或非正式的合作与交流关系的基础上，所形成的具有开放边界的有利于推动技术创新的系统。谭劲松等（2019）[15]将产业创新网络描述为，一系列彼此间既独立又关联的企业及相互耦合关系组成的以创新为目的网络。卡普等（Cap et al.，2019）[16]定义产业创新网络为，为实现创新而进行合作与交流，并受网络利益支配的一组既定行动者组成的组织间网络。

嵌入特定地域的产业创新网络或集群，被早期的文献广泛探索，它们呈现出很强的区域性和本地性。但是，随着全球价值链的发展、技术全球化趋势的加剧，越来越多的企业通过跨国并购、建立国外研发基地，以及开展国际技术联盟等形式，将创新活动扩展至全球各国，产业创新网络愈发呈现出非地域性。而且，切萨布鲁夫（Chesbrough）提出的开放式创新理念，即企业为了加速内部创新和扩大创新的外部使用市场所开展的有目的的知识流入和溢出[17]，进一步拓展了产业创新网络的开放性。此外，丹古（Danguy，2017）[18]也认为，讨论开放式创新问题的全球化范式很有必要，因为创新体系正在朝向更开放、更协作的模式发展。阿尔伯蒂和皮齐诺（Alberti & Pizzurno，2017）[19]指出，在开放式创新网络中，参与者可以跨越组织边界，实现纵向和横向的资源交换，以分散创新风险、提高新产品开发的频率和新颖性。李等（Lee et al.，2020）[20]强调，开放式创新战略已经成为影响国家创新系统的关键要素，并在一些国家发挥了重要的经济增长驱动作用。由此可见，创新网络地理边界的局域性被逐步淡化，开展非地域限制的开放式产业创新网络尤为重要。

本研究认为，产业创新网络是技术创新网络在特定产业领域应用的一个分支，但进一步强调了参与者实施创新活动的开放性和网络空间尺度不受地域限制性。据此，在现有概念的基础上，将产业创新网络进一步定义为，一系列具有互补性资源的技术主体，为了应对系统性创新中的不确定性和复杂性，通过正式或非正式的垂直与水平开放式创新关系，形成的链网组织。[12]其中，网络技术主体的核心成员是企业组织，它们生产、制造知识；其他主体，如科研院校、中介机构也发挥着不可或缺的作用，例如，科研院校开展的基础性研究能够为企业组织提供知识生产的基础，而中介机构能够引导或协调企业组织开展技术合作，实现知识在整个网络中的流动与转移。而且，技术主体之间的网络关系是彼此之间开放式的创新合作关系。由此形成的产业创新网络能够为网络行动者提供诸多益处，例如，获取外部知识资源，分担创新风险，联合互补技术，当全部或部分合约难以实现时保护知识产权等，[21]是培育技术主体和提升技术能力的重要载体。因而，研究该种产业创新网络的抗毁性极有必要。

2.1.2　创新网络抗毁性

网络抗毁性（network invulnerability）的概念源自复杂网络领域，指某些节点或关系遭遇随机故障或受到蓄意攻击时，网络仍能够维持正常运转的能力。在创新领域，网络抗毁性是创新网络结果研究（network outcomes）的重要课题之一，相关文献聚焦在稳定性、弹性/韧性、脆弱性方面。为了明确阐释产业创新网络抗毁性概念，有必要对相关概念进行辨析，具体如下：

（1）相关概念与辨析

①稳定性。创新网络稳定性（network stability）的研究侧重于成员进入、退出或者联盟关系建立、断裂带来的网络稳定性变化。例如，达纳赛和帕克和（Dhanasai & Parkhe, 2006）[7]指出，一个将要或正在解体的创新网络无法进行价值创造和提取，因此核心企业要发挥协调作用，促进网络稳定。李志刚等（2007）[22]从投入产出的角度认为，从培育企业和扶植网络关系的投入阶段，到攫取网络价值的产出阶段，需要一定时间，因此保持网络稳定对企业提升创新绩效非常重要。曹霞和于娟（2016）[23]认为，联盟是否稳定，一方面要看联盟成员事前形成的均衡随

时间的推移能否维持，另一方面要看事前形成的均衡受到因素扰动影响时，在协调管理机制下能否使其继续保持稳定。库马尔和扎希尔（Kumar& Zaheer，2018）[24]采用网络成员流失率来衡量自中心网的稳定性，其中网络流失率指每年焦点企业联盟伙伴变化（增加或减少）的百分比。雷雨嫣等（2019）[25]认为，创新系统的稳定性反映在结构连通性和网络效率两个方面。

②弹性/韧性。网络弹性（network resilience）刻画了网络面对内外部风险或冲击时能够动态缓冲并恢复的适应能力，一般包括吸收风险的能力、适应风险的能力和恢复正常状态的能力。例如，岳增慧和方曙（2013）[26]认为科研合作网络弹性是指，科研实体（节点）或合作链路（边），在发生随机失效或受到故意攻击的情况下，科研合作网络仍能维持其效能的能力。黄传超和胡斌（2014）[27]指出，组织的适应能力在关系网络中反映为网络弹性，即遭受突发事件或风险时网络的可靠性。奥斯特伽德和帕科（Ostergaard & Park，2013）[4]认为，集群弹性可以解释为一种自适应能力，它指的是集群可以克服内部和外部的干扰且仍然在特定领域内平稳运行。克雷斯波等（Crespo et al.，2014）[28]提出了一种集群创新网络弹性的演进框架，主要关注地方知识网络的层次结构和结构同质性在其中的作用。袁剑锋和许治（2017）[29]认为，创新网络弹性指的是当网络遭受内部或外部不确定性冲击时，在自组织作用下网络仍能维持一定创新绩效的动态适应能力。乔凡娜和安东尼奥（Giovanna & Antonio，2017）[30]基于网络科学范式对技术转移的协同效应，进行了网络鲁棒性和弹性分析。徐等（Xu et al.，2020）[31]认为，弹性是指系统吸收干扰并重新组织成一个充分发挥功能的系统的能力，具有可靠性、适应性、快速性和鲁棒性。

③脆弱性。网络脆弱性（network fragility）基于破坏视角强调网络组织对破坏性事件的敏感性，其特征是系统缺乏抗毁性和弹性。例如，龚玉环等（2009）[5]以中关村产业集群为例指出，如果网络高度依赖某些集散节点将带来脆弱性风险，一旦有5%以上的该类节点受到冲击或失

灵，整个网络极有可能丧失鲁棒性。唐丽艳等（2015）[32]认为，协同创新网络具有高度内聚性的网络特征有利于减少网络内搭便车行为，但同时也使得网络开放性及弹性降低，产生网络结构脆性风险。布罗肯和迭斯（Broekel & Diez，2016）[33]认为，当大多数中心性高的节点消失时，集中式网络更容易发生拓扑结构变化，因为不那么健壮。魏龙等（2018）[34]探讨了不确定性风险冲击下技术创新网络的脆弱性，指出网络脆弱性是衡量网络系统面对不确定性攻击后表现出的结构和功能受损严重性程度。

结合以上研究图景发现，学者们在使用网络弹性、网络抗毁性、网络脆弱性、网络稳定性时，存在趋同化、模糊化甚至混用的情况，给进一步深入研究带来困难。本研究在借鉴霍赛尼等（Hosseini et al.，2016）[35]弹性概念框架的基础上，从过程视角阐释上述概念的异同。如图 2.1 所示，网络弹性刻画了网络从原始稳定状态到遭受内外冲击后变得脆弱，再到修复脆弱，进而恢复至稳定状态的过程。网络抗毁性和脆弱性是网络弹性过程的重要一环，其中网络抗毁性更为关注遭受破坏后网络仍能维持原始状态的能力，其研究重点大多围绕网络如何防御"破坏"以维持正常运转，或"破坏"如何传导、扩散致使网络失灵或衰败的。网络脆弱性描绘了网络遭受破坏的脆弱程度，其研究关注"破坏"给网络造成的冲击程度，或网络平稳运行中可能存在的脆弱性风险。网络稳定性侧重于从正常运行层面来关注网络关系、整体结构或功能的稳定，并不强调受内外源故障冲击。

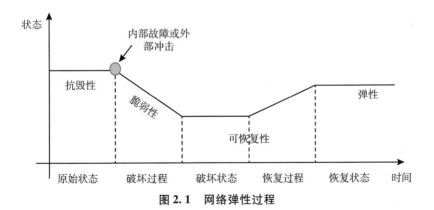

图 2.1 网络弹性过程

（2）产业创新网络抗毁性的概念与维度

复杂网络抗毁性指某些节点或关系遭遇随机故障或受到蓄意冲击时，网络仍能够维持正常运转的能力，包括拓扑结构的连通性和功能运行效率。[36]创新领域内的学者延续了这一概念：例如詹森等（Jenson，2016）[37]基于结构和功能两个理论视角，提出联合测度创新系统失败的框架，并采用模糊集定性比较分析法验证其有效性；其中，结构理论试图找出网络成员与制度体系、基础架构、交互结构等要素之间的失败关系，而功能理论旨在识别创新网络在知识开发、技术验收、资源提供等功能的缺陷。陈伟等（2015）[6]用网络有效规模和网络效率，来度量东北新能源汽车产业集群网络遭受内外部风险冲击后的网络结构抗毁性和网络功能抗风险性。魏龙等（2018）[34]研究了不确定风险冲击下，技术创新网络的脆弱性，并且从网络拓扑结构的有效性和功能抗风险性（包括网络弹性、柔性和敏捷性）两个方面进行衡量。雷雨嫣等（2019）[25]从结构和效能两个方面解释创新系统的稳定性，其中，结构稳定性表现为网络整体连通结构的稳定；效能稳定性反映网络效率的可靠程度。李莉等（2020）[38]从网络内源性风险切入，研究新能源产业创新网络的抗毁性，联合采用自然连通度和网络效率表征结构抗毁性和功能抗毁性。

综上所述，本研究认为产业创新网络抗毁性指的是，在遭遇内源性故障或外源性风险时，某产业的技术创新网络仍能维持结构鲁棒性和功能运转的能力。沿用"结构－功能"框架，进一步将产业创新网络抗毁性，解构为网络结构抗毁性和网络功能抗毁性两个维度。具体阐释如下：

①内源性故障和外源性风险。

产业创新网络的内源性故障，通常主要来自主体行为风险和网络属性风险两个方面[39]，被认为引发网络脆弱甚至毁灭的根源。其中，主体行为风险包括创新协作中的创新惰性、机会主义行为、搭便车、不完全契约等；网络风险包括路径依赖带来的僵化、网络结构导致的脆弱、自我保护引发的锁定效应、自稳性造成的网络衰退等[40]。

产业创新网络的外源性风险一般指的是，经济周期风险、市场风险、技术生命周期风险、政策风险和知识产权风险等。[6]外源性风险往往是致使产业创新网络僵化并失去弹性的诱发性因素，其冲击网络过程中并不刻意针对某些特定的创新主体或主体间关系，而是随机和不确定地影响网络。

②网络结构抗毁性和功能抗毁性。

复杂网络的不少文献关注了结构维度下的网络抗毁性，指网络遭受故障或冲击后仍保持拓扑结构连通或有效规模的能力。本研究跟随这一观点，认为产业创新网络的结构抗毁性关注的是网络结构的鲁棒性，即当网络的组成部分被破坏时，保持整体结构连通性的能力。这是因为产业创新网络为网络成员之间的技术、知识等创新资源的流动提供了结构性渠道，一旦拓扑结构在内外源冲击下受损，那么创新活动将难以开展。

然而，产业创新网络还具备实现风险共担、知识转移、创新扩散、技术增值等功能，可见仅考虑结构抗毁性是不完整的，共同考虑结构和功能层面对研究产业创新网络的抗毁性非常有必要。借鉴先前研究[6,36]，本研究重点关注网络创新扩散效率这项重要的网络功能来反映网络功能抗毁性，即当网络面临冲击后，产业创新网络仍能稳定实施其创新扩散范围和速率的能力。[41]

由此，本研究绘制出图2.2，以更清晰地阐释产业创新网络抗毁性。

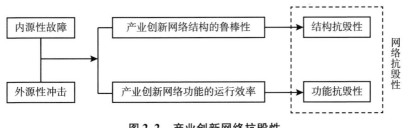

图2.2　产业创新网络抗毁性

2.2 相关研究基础

2.2.1 网络动态理论

外部环境的变化和技术主体之间的协调互动，致使创新网络处于不断的动态演进之中。随着网络行动者的进入与退出，技术主体所占据的网络位置，主体间的关系和知识流动，以及网络整体结构、知识资源分布都会变化。阿胡贾等（Ahuja，2012）[42]认为，网络动态指在创新网络层面表现出的网络节点、节点间关系，以及结构的变化。学者们认为，创新网络的动态演进来自内生和外生两个方面的驱动。其中，内生驱动机制主要指节点进退机制和关系连接机制[28]，而外生驱动机制主要是外生经济依赖和邻近效应。

（1）网络动态的内生驱动机制

"节点进退机制"和"关系连接机制"被认为是最基础的、影响创新网络演化的内生动因。在不同的网络生命周期，受到创新集群或网络发展潜力的吸引，不断有新技术主体加入网络，并与其他主体通过随机连接机制（random attachment）或择优连接机制（preferential attachment）建立联系；相反，面对网络内部的激烈竞争，也有一些旧技术主体，由于竞争力较弱会选择主动或被迫退出网络。这种技术主体持续进入和退出网络，以及网络关系不断地创建和解散的机制，推动着创新网络的动态演进。

①节点进退机制。学者们对节点进入和退出机制影响网络动态演进的问题，进行了不少研究，例如，李守伟和程发新（2006）[43]认为，产业网络动态演化的驱动机制包括：基于企业进入的网络增长与择优连接机制，和基于企业退出的网络关联随机断开机制，并且以上演化进程会

根据网络所处的生命周期阶段而不同。特尔瓦和博施马（Ter Wal& Bos-chma，2011）[44]指出，集群网络会随着生命周期的演进而动态变化，其中，成长时期的网络趋于形成核心－边缘结构，而且受择优连接机制和边缘企业退出的影响，处于核心位置的企业会变得更加中心化；而成熟时期的网络由于更加凝聚，极有可能陷入锁定状态。朱利亚尼（Giuliani，2013）[45]认为，企业进入和退出创新网络直接影响着网络的动态演化，而且网络演进的方向决定着网络行动者之间的知识资源共享模式，能预示网络未来的成功或失败。刘晓燕等（2016）[46]认为，节点进退机制是核心节点实施网络治理的一种方式，需要在网络生命周期的风险点、控制点及再生点，调整如添加、解除、巩固网络关系，防止网络早衰。谭劲松等（2019）[15]基于 TD－SCDMA 标准的 3G 产业网络的实例指出，企业的进入与退出机制，以及企业的行为决策会影响产业创新网络的演进。

②关系连接机制。由于创新网络中理性技术主体的行为模式，具有一定的预测性和偏好性，现有研究认为，创新网络具有无标度属性，这在很大程度上决定了新节点进入网络并产生关系的行为方式将会遵循"择优连接机制"。一方面，进入者通过择优连接机制，优先与那些关系能力较强的节点建立连接[47]；另一方面，由于退出者中断了原有网络关系，新关系的重建将会寻找合适的节点，按照择优连接的原则进行补偿。在无标度网络中，度数中心性小的节点占网络的重要构成，这些节点的随机故障不会对网络平稳运行产生较大影响，但是当度数中心性较大的节点受到冲击时则可能导致整个网络崩溃。格鲁奇克尔（Glückler，2007）[48]认为，集群创新网络的动态演化，强烈受到内生结构尤其是路径依赖效应的影响，这是由于网络关系是在择优连接机制和嵌入机制上形成的，前者反映行动者随时间推移而变得更加中心化的倾向，后者表示网络闭合和派系结构的倾向。达尔格伦德尔和麦克法兰（Dahlander & McFarland，2013）[49]重点研究了自中心网层面上，网络联系的形成和持久性。严和官（Yan & Guan，2018）[50]认为，自中心网络视角下产学研

协同创新网络的动态包括扩张和稳定两个方面，其中，扩张表示连续两个窗口期网络内新增伙伴的数量，而稳定意味着连续两个窗口期网络中重复联系的伙伴数量。塔莱比（Taalbi，2020）[51]认为，择优连接机制影响网络关系的构建，三元闭包和节点相似性影响网络社群结构的形成。

（2）网络动态的外生驱动机制

影响创新网络动态演进的外生机制，来自创新网络与经济的相互依赖性和多维邻近性的共同作用。例如，博施马（2005）[52]认为，五维邻近（认知、组织、制度、社会和地理）与网络的关系构建息息相关。其中，认知邻近性和组织邻近性分别表示组织间知识基础和组织特征的相似性程度，会影响网络合作关系的建立；社会邻近性会增加网络形成三方闭合结构的趋势，因为社会邻近性意味着组织更倾向于与合作伙伴的伙伴建立联系；制度邻近性是形成创新合作关系的制度环境，因为组织在类似的制度环境下，能够共享相似的激励和协调惯例；由于知识在本地网络传输较为便捷，地理邻近性即组织间空间距离的接近程度，被认为是创新网络形成的关键驱动因素之一。鲍兰德等（Balland et al.，2013）[53]指出，当产业的竞争本质从产品创新竞争转变为价格竞争时，企业往往倾向于与具有相似性的伙伴建立网络关系，以确保有效且顺畅交流与互动；但是，如果产业发生破坏性的技术变革，将会有大量新企业进入产业创新网络，此时网络将极不稳定，而且新进入者和现有企业之间的网络关系搭建模式能够决定企业的成功与否。特尔瓦（2013）[54]以德国生物技术发明人网络为研究对象发现，随着产业技术体制的变化，发明人越来越依赖网络资源而不是地理邻近性，来选择伙伴形成网络链接。朱利亚尼（2013）[45]利用智利葡萄酒集群的纵向数据和随机行为导向模型的研究发现，集群中某些企业的薄弱知识基础与内聚效应（互惠性和传递性）的共存，有助于形成长期稳定的非正式层次网络结构。泽维尔等（Xavier et al.，2015）[55]的研究结果显示，在集群生命周期的高级阶段，认知邻近性和制度邻近性对网络关系的创建具有负面影响，而社会邻近性和地理邻近性仍有利于企业间关系的形成。

在本研究中，产业创新网络中的技术主体，受自身资源禀赋的单一性、有限性，以及不完整性的驱使，不断进行着知识的交流、共享与重组，其目的是获取互补资产，弥补创新能力缺陷，从而提升竞争优势。因此，技术主体通常会根据自身创新目的、属性和环境的变化，采取相应的网络行动，如进入或退出网络，建立或断裂、深化或弱化与其他技术主体之间的关系等，从根本上引起产业创新网络的结构变迁。[53]因此，本研究着重关注驱动创新网络动态演化的内在机制，尤其是微观层面技术主体的节点进入和退出机制。

2.2.2　网络层级研究

现有创新网络的层级划分方法主要分为两大流派，一种是经济地理学派的空间尺度视角，另一种是创新管理学派的社会网络视角。

（1）空间尺度视角

按照网络联系是否跨越地域边界，经济地理学派的学者们将创新网络分为不同的层级，如本地化网络、跨区域网络、全球化网络三个层级，特色经济区（产业集群）、特定行政区和跨区域/跨国三个层级，以及地方、国家、区域和全球创新网络四个层级。本研究借鉴司月芳等（2016）[56]的观点，区分地方—区域—全球三个不同空间尺度的创新网络层级，如图2.3所示。其中，地方创新网络，是企业、高校、科研院所、地方政府、中介机构等主体在协同创新过程中，建立的能促进创新活动的各类关系的总和。区域创新网络在一定程度上填补地方创新网络的部分不足，如资源有限性、网络封闭性。虽然地方创新网络和区域创新网络，能较好地激发局部中小企业的创新活动、促进区域发展，但其过于重视地域根植性、地方和区域制度的限制，以及政产学研等机构的创新合作效用。全球创新网络重视区域创新网络之间的产业链分工与技术创新合作，研究视野更具全球化。

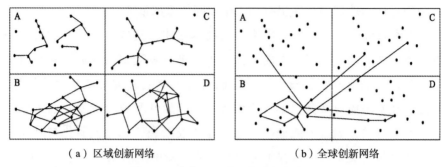

（a）区域创新网络　　　　　　　　　（b）全球创新网络

图 2.3　地方—区域—全球创新网络

注：节点为创新主体，关系为联系通道，ABCD 分别表示不同的地方创新网络。

（2）社会网络视角

学者们从社会网络视角来划分网络层级的观点不一，例如，博尔加蒂和福斯特（Borgatti & Foster，2003，2011）[57,58] 指出，组织间网络分析一般聚焦在三个层级，分别是行动者层（actor-level）、双元层（dyadic-level）和群体层（group-level）。网络行动者的研究基于自中心网视角开展，作为一个理性的技术创新代理人，网络行动者可以利用自身网络位置（所处的网络拓扑结构和关系）来获取最大化收益；双元层是网络范式的研究主流，其关注的是行动者之间的互动对某一行动者的作用关系；而群体层的研究关注，行动者之间的紧密联系会促成凝聚子群的形成。科萨罗等（Corsaro et al.，2012）[59] 认为，创新网络的研究可以分为宏观层级、中观层级和微观层级三个视角，其中，宏观层级视角关注产业创新集群或区域创新网络对产业经济增长和制度系统的影响，中观层级视角聚焦的是组织间属性与网络层属性的作用关系，微观层级视角探究的是个体组织在创新网络中的行动和表现。黎耀奇和谢礼珊（2013）[60] 认为网络存在 5 个层级，分别为个体网、二方组、三方组、小团体和整体网。其中，个体网层级关注具有不同网络结构特征的个体的态度、行为、绩效等，二方组层级侧重于关系双方的互惠性、对称性和依赖性等问题，三方组层级在结构洞理论提出后得到了一定的发展，小团体层级的研究较为稀缺，整体网层级侧重网络结构分析且网络边界存在争议。西奇和塔塔尔诺维奇（Sytch & Tatarynowicz, 2014）[61]认为，网络范式的研究视角可以归结为自中心网（ego-network）、网络社群（network community）和整体网（whole-network）三个层级，在组织间网络与企业创新的研究中，仅从自中心网和整体网视角出发是不完整的，还需要考虑网络社群视角的影响。许等（2020）[62]认为，现有创新生态系统的研究大多从自中心网和整体网两个视角开展，在社群层面的研究急缺。

　　本研究认为，产业创新网络可以划分为三个层级——自中心网视角下的行动者层级、中观社群视角的子群层级和整体网视角下的全局网络层级（如图 2.4 所示）。而且，三个层级之间呈现逐级递进的影响关系，即行动者的凝聚团簇构成了网络社群，网络社群的交互影响着整体网结构。以往研究在创新网络层级划分的基础上，还进行了层级间的关联研究。[63]例如，党兴华等（2015，2018）结合复杂适应系统理论认为，技术创新网络的治理是一个跨层级的过程，由下至上依次为企业层级、二元层级和网络层级，并运用多层线性模型分析方法，研究不同层级的结构机制、关系机制和学习机制的递归影响作用。[64]不仅如此，他们在研究企业双元创新活动的过程中，阐述了网络成员间互动在自中心网络、中观网络社群和整体网之间产生的层级关联作用。[65]

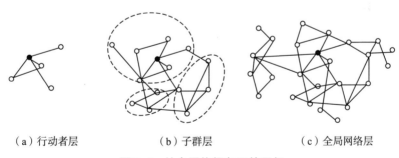

（a）行动者层　　　　　（b）子群层　　　　　（c）全局网络层

图 2.4　社会网络视角下的层级

2.2.3　关系嵌入理论

　　关系强度的研究最早被格兰威特（Granovetter, 1973）[66]在其经典文献"弱关系的力量"中提出,并根据关系的频率、互惠性和依赖性等强度,区分了强关系和弱关系。随后,他提出"嵌入理论",认为关系嵌入是指,单个主体的经济行为嵌入某个社会关系网络中所形成的主体之间相互依存的关系。关系嵌入的强度往往采用互动频率、亲密程度等指标来刻画。[67]学者们在创新领域进行了诸多关系嵌入的研究,基本认同以下观点:

(1)"强关系"意味着企业间的信任度、互动频率和资源依赖程度较高,这种关系具有长期性和稳定性的特征。强关系增强了企业对现有知识、技术和资源的共享与交流,有助于减少知识转移过程中的敌对性,促进企业间交流氛围的营造,提高企业间知识获取、共享和整合的效率,从而达到知识创造的目的。但是,强关系会造成知识和资源的冗余,产生"过度嵌入"问题,不利于新知识的产生和传播。

(2)"弱关系"为具有不同背景的企业提供了知识、资源共享和交流的桥梁,可以获取有别于现有知识基础的异质性资源。但是,以往文献发现,弱关系的形成通常是机会性的,具有短暂性和不可持续性,而且建立弱关系的各方由于缺乏对彼此的信任,在合作过程中体现了较强的个体保护主义。[68]这使得企业间难以完全分享和获取对方所需要的知识资源,更无法在缺乏保障的情况下开展深度合作,因而很难真正共同实现价值的创造或创新活动的实施。

(3)"强关系"和"弱关系"之间具有互补性。基于科尔曼(Coleman)网络闭合理论,紧密的群内强关系,即伙伴之间紧密的互动,使知识能够更有效地交换、组合和利用。然而,也显示出了一个黑暗面,即过于凝聚可能使熟悉的伙伴"粘"在一起,产生与外部隔离的认知锁定,而且过度将精力聚焦在当前关系的维护也不利于群内成员拓展新关系。基于伯特(Burt)的结构洞理论,稀疏的群外关系有助于组织接触到更广泛的异质性知识,从而刺激新知识的创造、提高创新成果。但是,这种弱关系的伙伴之间缺乏足够的共同知识基础,不仅新颖知识不易被同化吸收,而且彼此间的合作过程可能存在着较大的机会主义风险。柔斯特（Rost，2011）[69]回答了创新研究中一直备受争论的议题——是科尔曼的网络闭合理论，还是 Burt 的结构洞理论，更有利于解释创新的问题？他认为，前者是对后者的补充而不是替代，也就是说，弱网络架构（结构洞或外围网络位置）可以利用强联系的力量，来促进创新活动。不少研究[70-72]也认为，具有紧密内部关系的社群通过桥接关系或捷径相互连接起来，二者的互补效应能共同促进创新。

2.2.4　知识流动研究

蒂斯（Teece）于1977年首次提出知识流动的概念，他认为知识流动就是知识在发送方和接受方之间不断转移的过程。在创新网络的研究中，学者们强调创新是技术主体之间进行知识交互的复杂过程，其核心是知识的获取和转移，即知识流动。[73]如果没有知识流动，创新网络将无法形成一个动态、发展、联系的开放系统。这与知识视角下的开放式创新理念相符，即开放式创新是企业在组织内部和外部，同时开展知识探索、知识保持和知识挖掘的过程。[74]现有文献概述了影响知识流动的因素，主要来自要素角度和网络角度，此外还有文献从动态的角度给以阐释，具体如下：

（1）知识流动的要素

已有学者从知识特性、合作特性、知识源特性、知识受体特性和情境特性等要素，阐述了知识流动的影响因素。[75]海（Hai，2002）[76]认为，知识流动包含三个要素，即主体、内容和方向，其中主体包括知识发送方和知识接收方，内容是双方能共享的知识，方向是单向不可逆的。现有研究得出的一般结论如下：越具有默会性、复杂性和模糊性的知识越难被编码，因而越难以实现知识转移；知识接受方的吸收能力越弱，知识转移的成本就越高；地理距离和制度距离越大，知识转移的效果就越差。

（2）知识流动的网络因素

首先，从网络成员的角度来看，创新网络内成员的知识转移意愿、转移能力、吸收能力与接受意愿会影响知识流动，处于网络中心位置的企业有更大的可能性去获取广泛的网络知识从而促进知识转移。[77]其次，从网络成员间关系来看，组织间密切的合作关系有助于知识顺利转移，强关系更能促进隐性知识的转移；网络成员之间的信任程度，可以有效地减少知识转移的不确定性和难度；网络成员之间的知识距离呈现出既有利于又阻碍知识转移的双重影响。最后，从网络整体角度来看，较高的网络闭合（network closure）和网络范围（network range）均能够降低知识转移的难度[78]。解等（Xie et al.，2016）[79]的研究表明，协同创新网络中网络规模、网络关系强度和网络中心性显著影响着知识转移的水平。

（3）知识流动的动态过程

知识有效转移或流动并非静态发生，而是一个通过动态学习才能达成目标的过程。有学者认为，知识转移的过程可以分为获取、沟通、应用、接受和同化五个阶段[80]，其中，同化是知识转移最重要的阶段，被转移的知识只有被同化后才有可能被吸收。斯兰斯基（Szulanski，2000）[81]指出，知识流动的过程包括，知识搜索、执行、吸收和整合四个阶段，其中，在知识搜索阶段，准确识别和匹配潜在的知识源，是成功实现知识转移的关键。李林蔚等（2014）[82]认为，战略联盟背景下的知识流动过程，包含从合作伙伴处获取知识、应用知识及内化知识等一系列活动。还有研究认为，由于网络主体所掌握的知识数量和质量的差异，或网络主体所具备知识广度和深度的不均衡，知识流动是由知识势能较高者向知识势能较低者传递且被吸收的过程。[83]知识的扩散效率和知识势差之间并非呈现完全线性关系，知识的高效扩散依赖于适度的知识势差，势差过小会造成知识流量过小，势差过大，容易造成接收方无法消化吸收新知识。[84]

（4）知识流动的影响结果

围绕知识基础、知识耦合和知识惯性三个方面进行阐述。①知识基础与突破性创新。知识基础被定义为企业在所有涉及领域中拥有的各种知识元素（包括信息、专利、经验和技术）的总和。知识基础可划分为知识基础宽度与知识基础深度两个维度：知识基础宽度是企业知识库的横向维度，反映企业知识涵盖独立多个技术领域的程度；知识基础深度是企业知识库的垂直维度，反映企业对关键领域知识的理解和熟悉程度。于飞等（2021）[85]对 106 家上市公司的数据实证研究发现，拥有多样化知识基础的企业，嵌入低知识距离联盟中更有利于企业绿色创新；而拥有专业化知识基础的企业，嵌入高知识距离联盟中更有利于企业绿色创新。②知识耦合与突破性创新。知识耦合指的是两个或两个以上技术领域中的知识元素通过相互渗透、联结和组合等相互作用的方式整合成新知识的过程和结果。原有技术领域间的知识耦合和新旧技术领域间的知识耦合是企业使用得最多的知识耦合方式。现有文献发现，技术领域间的知识耦合对突破式创新存在正负两方面的双重影响。米娜等（Mina et al.，2014）[86]指出，企业内外部知识的结合能够使得企业丰富自身的知识基础并与外部环境动态匹配，改善突破式创新。魏江和徐蕾（2014）[87]发现，本地与超本地两类网络的功能整合和知识整合是促进集群企业创新能力跃迁的必要条件。③知识惯性与突破性创新。知识惯性倾向于利用运用过的知识和在相似情境中获取的经验来解决问题，分为学习惯性和经验惯性。前者指面对新问题采取现有经验处理，后者指打破惯性思维的束缚学习新方法去解决新问题。不同维度的知识惯性在影响企业创新方面的作用表现不同。解学梅等（Xie et al.，2016）[88]发现，知识惯性的各个维度（经验惯性、学习惯性、程序惯性）都有助于产品创新。周健明和周永务（2021）[89]发现，知识惯性会显著地破坏团队创新氛围，进而负向影响团队知识创造行为。经验惯性对新产品开发绩效产生显著的正向直接影响效果。李柏洲和曾经纬（2019）[90]指出，知识惯性（学习惯性、经验惯性）对企业渐进式创新有显著的正向促进作用，而对突破式创新表现出显著的倒"U"型关系。

2.3 创新网络抗毁性的影响因素

依据网络层级的相关研究，依次从微观组织视角、中观社群视角和宏观视角对创新网络抗毁性的研究现状进行回顾，具体如下：

2.3.1 微观组织视角下的创新网络抗毁性研究

聚焦创新网络抗毁性微观组织层面因素的研究，现有文献从核心企业和组织间交互两个方面开展了一系列研究。其中，核心企业与网络平稳运行的结论未达成一致，而关于组织间交互的研究还停留在理论探讨方面未进行实证性检验，具体如下：

（1）核心企业

核心企业与创新网络抗毁性的关系研究结果，大致分为以下两个阵营：

①核心企业治理机制有助于维护网络稳定和有序演化。核心企业治理机制是指，占据网络优势位置或拥有关键资源的核心企业，从网络整体层面构建的一套用于规范和协调企业创新行为、促进网络创新目标达成的制度安排。[91]核心企业能够主导网络成员的进入和退出、伙伴关系的缔结、创新任务的分配等，在很大程度上牵引着网络发展的方向和速度。

例如，达纳赛和帕克和（2006）[7]认为，核心企业通常在集群网络结构中占据中心地位，具有资源协奏能力，能发挥领导和协调的作用，引导网络成员共同维持网络稳定。卡帕尔多（Capaldo，2007）[92]发现，核心企业通过调控网络关系强度的分布改变着网络的密集性和稀疏性。谢永平等（2014）[93]指出，核心企业拥有较强的组织协调能力和强大的知识资源，不仅可以调节网络成员合作中的矛盾保障该网络稳健发展，还可以促进知识共享。而且，强制式核心企业治理倒 "U" 型影响网络稳定，协商式核心企业治理可以正向促进网络稳定。莱文等（Levén et al.，2014）[94]认为，核心企业在创新网络中扮演着设计者和协调者的角色，它不仅影响现有关系的强度，还吸引新成员进入并建立新网络关系影响网络自治（autonomy）。此外，核心企业不仅能够通过增强网络成员的认同感和核心凝聚力来促进知识共享和流动，还可以通过提高网络声誉、管理期望和构建多样性来提高网络稳定性。

②核心企业失灵将使网络面临崩溃。例如，希林和方（Schilling & Fang，2014）[95]指出，由于核心企业具有较强大的关系能力，接触了过多的信息，很容易因为信息超载或不恰当的识别、转移而导致信息扭曲的情况出现，不利于网络信息扩散。郑胜华和池仁勇（2017）[96]认为，如果创新网络中核心企业的吸引力和集聚力下降，那么网络成员之间的技术和知识互动就会停滞，网络整体的竞争活力会减弱甚至衰退。叶等（Ye et al.，2020）[97]的研究结果表明，虽然核心企业的转型能力（市场导向能力、吸收能力和协调能力）会影响集群的演化，但如果集群成员之间没有形成资源协同，集群可能会走向衰落。

（2）个体交互失灵

创新网络中的技术主体为了获取互补资源、解决创造性问题、提升竞争优势，会进行一系列的创新交互活动。现有交互失灵的研究是基于卡尔森和雅各布森（Carlsson & Jacobsson，1997）[98]提出的弱网络失灵和强网络失灵开展起来的。其中，强网络失灵（strong network failure）由个体过于频繁的实施网络内部交互造成，此种情况下桥梁角色缺失、网络内部知识冗余，网络极有可能从而走上错误的发展轨道。弱网络失灵（weak network failure）由个体之间过于稀疏交互或者交互匮乏造成，这将不利于组织的交互式学习，降低了组织创新的可能性，导致网络中的组织无法适应新的技术环境而落后或衰落。克莱因等（Klein et al.，2005）[99]在这一基础上进行了进一步阐述，指出造成强网络失灵的原因还可能来自以下三点：第一是内部过于频繁交互造成的"过度嵌入"，导致没有旧成员退出和新成员进入，使得网络锁定在现有技术轨道上；第二是缺乏弱关系，使得网络没有及时获取新知识、技能和资源；第三是过度依赖核心组织，致使网络成员在寻找可替代伙伴时面临较高的技术转换成本，从而锁定在现有关系中。内格罗等（Negro et al.，2012）[100] 的研究发现，强网络失灵和弱网络失灵会影响可再生能源的扩散速度；他们认为强交互的参与者之间可能由于资产专用性、转换成本或缺少替代合作伙伴，而被锁定在既有关系中；弱网络失灵会阻碍学习、适应新技术的发展和创新。

（3）创新开放度分布

创新开放度的分布，指产业创新网络中组织实施创新活动的差异或非均衡程度，是网络层面的概念。创新广度分布表现为技术主体在获取多样化知识的渠道方面存在差异，创新深度分布表现为技术主体在利用外部知识的频率方面存在差异。[101]

①由于创新网络中主体之间的互动通常以获取互补性的异质资源为动因，因而创新广度较低的组织通常优先与拥有丰富创新资源的组织建立联系，这一"滚雪球"效应导致成员之间出现地位势差和知识权力势差。因此，当创新广度分布的非均衡程度较高时，势差进一步加剧，会给产业创新网络抗毁性带来不利影响：一方面，处于优势网络地位的技术主体倾向借助地位优势控制其他主体，极易引起反弹带来内部冲突，导致网络关系的稳定性受损，不利于网络结构的鲁棒性。另一方面，具有高知识权力的技术主体与网络中其他主体建立了非对称依赖关系，互惠性的缺失滋生了"搭便车"行为，从而降低知识共享意愿，导致网络效率不足。因此，创新广度分布越趋于均衡，产业创新网络的抗毁性越高。

②当创新深度分布的非均衡程度较高时，将对网络中知识流动的广泛性和效率产生影响，从而不利于产业创新网络抗毁性：一方面，技术主体在特定关系上的资产专用程度的差异，使得投入较高的一方对该关系具有长期依赖性，投入较低的一方则具有临时和自我保护特征。具有较低转换成本的一方可能产生机会主义行为，导致网络知识流动的中断，

因而不利于网络结构的鲁棒性。另一方面，技术主体在特定关系上的密切联系的差异，意味着网络中主体之间多处于单向或浅层次双向知识转移状态，强关系占比较少而弱关系占比较高。然而，网络强关系主体的直接联系使得网络中知识流动的路径越短，而大量网络主体间建立的弱关系导致网络中知识流动的路径较长。当网络中关系紧密程度的差异较大时，知识流动的平均路径则相对较长使得知识在产业创新网络中的转移和扩散速度较慢，因而网络效率较低。因此，创新深度分布越趋于均衡，产业创新网络的抗毁性越高。

2.3.2　中观社群视角下的创新网络抗毁性研究

现有创新网络抗毁性中观社群视角因素的研究，主要集中在网络社群如派系、凝聚子群、技术群体等具备的静态结构属性和动态演化属性，从结构或功能视角探讨其对网络整体结构、网络连通性、网络效率等的影响关系，具体如下：

（1）网络社群结构属性

考恩和乔纳德（Cowan & Jonard，2004）[102]认为，高度小团体化的网络，即由许多凝聚子群组成的网络，知识扩散绩效并不佳。罗森科普夫和帕杜拉（Rosenkopf & Padula，2008）[103]指出，如果没有群体之间的桥接关系，网络结构就会变得支离破碎和不连贯。塞奇等（Sytch et al.，2012）[104]发现，网络社群间联系是一种结构性交互影响着网络的连通性，桥接关系将不同网络社群连接起来并使任何一对行动者之间相互联系，从而带来小世界效应。古拉蒂等（Gulati et al.，2012）[105]认为，群间桥接关系随着网络的增长逐步面临着饱和，丧失了传递多样化新颖知识的能力，这不仅造成网络小世界性的消失，而且会使网络陷入认知锁定和自我束缚的陷阱之中。罗吉和党兴华（2016）[106]对风险投资网络的社群成员身份的稳定性进行了观测，发现网络社群的成员构成随网络发展发生着动态变化，从而造成全局网络的结构发生演变。王等（Wang et al.，2017)[107]设计了一种启发式优化算法，能够在保持当前社群结构的情况下增强社群的鲁棒性。此外，他们还关注了对蓄意冲击和随机错误容忍度的加权优化。戈岑（Goerzen，2018)[108]认为，构建跨凝聚子群之间的联系能促进网络连通性。张文志和贾珺（2019)[109]通过仿真实验证明了在节点随机失效情况下，网络社群间的连通性是鲁棒的；而网络社群间的连通性在社群连接节点失效的情况下是脆弱的。温和邓（Wen & Deng，2020)[110]的研究指出，网络中的社群结构会对网络的结构和功能产生关键性影响，如提高可靠性和抵制衰退效应等。李莉等（2020)[38]以连续 13 个时间窗口期下的新能源产业创新网络为分析对象，发现技术群体之间的耦合活动会直接影响网络抗毁性。李莉等（2021)[101]研究表明，技术群体的内部凝聚水平和外部桥接关系均正向调节创新广度和深度的非均衡分布对产业创新网络抗毁性的影响。内部凝聚水平通过形成共同认可的社会规范、营造内部资源共享氛围和促进资源匹配度，缓解了创新广度非均衡分布、创新深度非均衡分布对产业创新网络抗毁性的负向作用。外部桥接关系通过扩大非冗余路径、可获取资源范围和增强技术互补效应，削弱了创新广度非均衡分布、深度非均衡分布对产业创新网络抗毁性的负向作用。

（2）网络社群演化属性

由于网络是不断演化的，网络社群也处于动态变化之中，这种动态社群属性会对网络的结构和功能产生影响。例如，王（Wang，2015)[111]的研究发现，社群之间的合并很大程度上取决于直接连接两个社群节点的聚类系数，而社群分裂则取决于社群中节点的聚类系数。从整个网络的角度来看，社群分裂等直接改变了网络关系结构和知识流动通道。赵炎等（2016)[112]发现，受 2008 年金融危机的影响，中国汽车企业联盟网络中"抱团"态势下降，反映在整个联盟网络图谱中是拓扑结构受到影响。吕等（Lyu et al.，2017)[113]借助智能手机领域的时序创新网络图发现，随着技术群体分化呈现出不同的态势，全局网络结构也随之变迁。杨等（Yang et al.，2017)[114]发现，每个社群都具有组建、扩张、合并、分裂、萎缩、衰亡的动态演进过程；他们还探索了网络演化过程中的网络社群成员变动行为，并采用连续两个网络中每个群体成员的变化规模来衡量。尹等（Yin et al.，2017）[115] 进一步用图示法追踪了社群的动态结构，如图 2.5 所示。可见，社群动态过程显著影响着整个网络的拓扑结构。

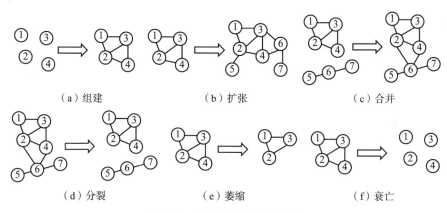

（a）组建   （b）扩张   （c）合并

（d）分裂   （e）萎缩   （f）衰亡

图 2.5　网络社群的结构变化

卡韦和哈桑（Kaveh & Hassan，2020）[116] 归纳了三种观测社群时序属性的方法，一是独立方法，即在每个时间窗口中检测统一社群然后进行匹配和对比分析；二是增量式方法，即根据网络变化更新新的社群无须每个时间窗口都滚动检测；三是跨时间窗口方法，即通过在不同时间窗口中相同节点之间添加边来构造图，并对新构造的图执行静态社群检测。现有研究最常使用的是独立方法，它不仅可以从剖面视角独立观察每个社群的成员，以及成员动态，还可以从纵向时序角度观察社群演化动态带来的网络层面的影响。李莉等（2020）[38] 就采用这种方法，观测了不同时间窗口下技术群体耦合与网络集聚结构的演进态势，还从整体网的视角剖析了技术群体耦合正向影响新能源产业创新网络结构鲁棒性和功能有效性的作用机制。何彬源（2022）[117] 研究发现，随着产业技术的发展，技术群体分化程度从产业技术萌发期开始不断增高，在产业技术涌现期达到峰值，随着产业技术进入成熟期后，技术群体分化有所回落，群体结构趋于稳定。技术群体的凝聚性和桥接关系为群内企业创造了良好的开放式创新环境，而技术群体的衍生、分裂和融合是产业技术发展的重要形态。

2.3.3 宏观网络视角下的创新网络抗毁性研究

宏观网络视角下创新网络抗毁性的研究主要分为两类，一类是采取仿真模拟方法考察创新网络的动态级联抗毁性，但为了揭示影响网络抗毁性的内部机理；另一类研究从整体网层面探究了影响创新网络抗毁性的宏观因素。

（1）创新网络的级联抗毁性

级联网络抗毁性研究以复杂网络动力学中的级联失效或相继故障（Cascading failure）理论为基础，已有研究集中于电力通信网络、交通运输网络、军事装备网络、供应链网络等。级联失效指的是网络中的某些节点或链路由于随机故障或蓄意攻击失效后，继而通过节点之间的耦合关系诱发邻域节点失效产生连锁反应，从而导致整个网络瘫痪或崩溃的过程。[118]

产业创新网络作为多主体创新交互的复杂网络，由于网络环境的不确定性，以及动态的成员进入、退出机制，一旦组织发生故障扩散至其他组织，极有可能致使网络处于动态不稳定的状态甚至面临崩塌，这与上述联失效过程相似。例如，邢李志和关峻（2012）[119]从介数攻击的角度，研究了区域产业结构网络的抗毁性，证实网络在节点随机失效和介数蓄意攻击时，分别呈现出稳健性和脆弱性特征。张和杨（Zhang & Yang，2013）[120]基于灰色攻击信息风险级联传播，研究了研发网络的鲁棒性。陈伟等（2014，2015）[6,121]分别以海洋能产业的产学研合作创新网络和东北新能源汽车产业集群为研究对象，运用复杂网络理论和仿真方法，模拟外生性随机冲击和内生性集聚节点、中介节点冲击下，对网

络拓扑结构和网络效能的动态连锁影响，结果发现内生性风险的危害性
强于外生性风险，中介节点和集聚节点分别从破坏程度和破坏烈度两个
方面影响网络的稳定性。唐丽艳等（2015）[32]认为，协同创新网络内企
业之间的合作关系是内生性风险沿网络呈现级联扩散的主要路径，而且
外部环境的变化可能使网络中的企业出现倒闭，从而相继殃及其他组织。
魏龙和党兴华（2017）[122]提出了组织－惯例耦合相依的技术创新网络，
从节点负荷、节点容量、子网络内部与子网络间的失效机制入手，构建
了相依技术创新网络的级联失效模型，分析不确定干扰下级联失效蔓延
的动态演化机制。刘慧等（2017）[123]借鉴相继故障理论，在企业竞争与
合作视角下，构建 R&D 网络的风险传播模型。结果发现，合作程度的变
化比竞争程度的变化对风险的传播影响更大，且 R&D 网络存在最佳风险
恢复水平。郭等（Guo et al.，2020）[124]根据交易成本理论和关系契约理
论，确定了二元治理对重大工程项目技术创新网络脆弱性的影响因素，
并运用复杂网络理论，构建脆弱性影响模型，利用 Matlab 对其脆弱性进
行仿真分析。

（2）创新网络抗毁性的宏观影响因素

①网络规模和网络密度。网络中参与者的数量被定义为网络规模。
网络密度反映了网络参与者之间关系的紧密程度（网络内聚性），可以
用实际关系数量和理论上可能的关系数量的比率来测度。网络规模代表
参与者之间互动关系的最大潜力，而网络密度则是信息、知识和资源在
创新网络中传播速度的指标。[78]范德哈克（Van der Valk，2011）[125]指
出，网络内聚性较低会导致网络关系数量的减少，引发弱网络失灵；而
较高的网络内聚性减少了知识多样化和新知识创造的可能，极易造成过
度嵌入问题，使网络参与者在面临外源性冲击时变得脆弱。

②小世界性与核心边缘结构。小世界性[126]和核心边缘[127]是最突出
的两种网络结构属性。（a）小世界性也被称为结构闭合属性，一方面呈
现出较短的平均路径长度，这意味着知识能在网络参与者中找到较短的
捷径进行有效扩散；另一方面具有高度的群体化（网络社群）特征，通

常群内连接紧密而群间关系稀疏，占据社群之间中间人位置的参与者具有较高的中介中心性。[102]而且，小世界网络的度中心性值服从幂律分布，也就是说少数节点具有高中心性特征，大多数节点具有低中心性特征。具有小世界属性的网络，存在着较多的结构洞有助于知识的有效扩散。（b）核心–边缘结构表示网络由紧密相连的核心部分和稀疏联系的边缘部分构成。处于核心位置的组织存在较高的知识冗余度，往往会实施利用式创新活动，而处于边缘位置的组织则有更多探索性的新思想，有助于探索式创新活动的开展。[28,128]核心–边缘结构往往标志着精英集团的存在，核心企业之间频繁交换资源和共享资产，而边缘企业处于网络的不利地位。通常处于核心或边缘的组织之间缺乏足够的关系，因而知识资源难以在全局网络中流通，网络的扩散效率较低。

③网络层级性。网络层级性反映的是创新网络中的参与者的关系能力的异构性。[129]根据社会网络理论，焦点节点直接连接的其他节点的个数为该焦点的度数中心性，表示该焦点的关系构建能力和影响力。因此，如果创新网络中的参与者之间的度数中心性高低不一，那么该网络将呈现出层级性。它可以由该网络中参与者度分布的斜率来度量。层级性越高，网络越易分化出核心–边缘结构，其中核心结构由设计技术标准且连接稠密的组织构成，边缘结构通常由连接松散的中小型组织或新进入网络者组成。一个典型的例子是"中心–辐射型"（hub-and-spoke）网络结构，从形态上看，一个或几个主导企业位于中心，而其他实体分散在核心的周围，像轮辐一样连接到核心枢纽上。这种结构允许一个或几个核心行动者对网络进行协调和控制，但以非常不均衡和两极分化的方式分配资源和知识。布伦纳和施伦普（Brenner & Schlump，2011）[130]以及文森特（Vicente，2014）[131]的观点认为，较高的网络层级性标志着网络进入成熟阶段，因为历史悠久的大型组织已经积累了大量的知识协作组合；而较低的层级性则表明网络处于新兴或萌芽阶段，企业间的知识协作水平不高。

以往研究发现，层级性与网络结构抗毁性之间的关系研究存在着矛盾的结果。一方面，处于高层级位置的组织往往发挥着资源协奏的功能，协调网络中成员的创新活动以维持网络稳定；另一方面，处于高层级位置的组织，一旦遭受冲击将强烈影响整个网络的可持续运行。克雷斯波等（2014）[28]指出，较为平坦层级的网络对外部冲击具有较高抵抗力，因为网络成员由许多路径连接在一起，知识流动、重组和扩散的潜力较强；而层级性较高且结构同配的网络，由于核心部分的内聚性或三方闭合程度太高，缺乏传递新颖知识的路径不利于抵抗外部冲击；兼具核心－边缘结构与异配性的网络则具有较多的桥连接能够保障知识的全局流畅扩散，因而脆弱性较低。乔凡娜和安东尼奥（2017）[30]认为，度分布的指数小于3的创新网络具有较强的鲁棒性，这意味着需要破坏所有的网络节点才能毁坏整个网络，但如果损坏具有高度集散性能的节点则将使网络面临结构脆弱性。

④网络中心势。网络中心势指，网络参与者向某些核心节点集聚的态势。[132]集聚程度最高的网络是所有关系都集中在一个节点上的星形网络，这意味着核心节点的度数中心性和中介中心性最大。网络中心势较低的网络通常被认为是无层级的，而高度集中化（centralization）的网络则具有较高的层级性[133]；相反，高度分化（differentiation）的网络连通性不足，在面临节点失灵时，局部鲁棒性较好。考恩和乔纳德（2007）[134]认为，网络中心势和度分布能粗略的反映网络面临节点失效的鲁棒性，因为网络越集中于一个或几个节点，一旦当这些节点失灵，网络发生结构变化的可能性就越大，因而结构抗毁性不高。范德哈克（2011）[125]指出，高度分化的或非高度集聚性的网络，不太可能因为从网络中删除几个节点或边而发生变化，因而具有结构健壮性，但该类网络存在过度依赖核心成员的风险。欧兹坎和伊斯兰木（Ozcan & Islam，2014）[135]认为，有少数核心组织主导的网络结构并不健康，因为网络过于依赖核心组织，可能导致网络被控制造成发展缓慢或不稳定；非集聚式网络的知识流动更有效，因为该结构由小派系或较小的子网络组成；最有效和最稳定的网络结构是分布式网络（distributed network），因为风

险因素比其他类型的网络低。斯塔卡等（Stuck et al.，2016）[33]认为，中心势较高的网络在面临核心企业失效时较为脆弱；与之相反，碎片化的网络（fragmented network）由于被分割成诸多成分，在面对节点故障时更具有鲁棒性。李莉等（2020）[38]的实证结果表明，集聚结构较高不利于创新网络的抗毁性，尤其在面临外部蓄意冲击时，创新网络更为脆弱。

⑤网络结构同质性。由于创新网络中参与者的度数中心性存在差异，而度数中心性与网络嵌入性、角色地位息息相关，因而如何选择伙伴建立创新合作关系是创新网络在演化过程中必然出现的问题。结构同质性描述的是网络中成员趋同连接的程度。当高度数中心性的成员倾向于与相似伙伴建立联系时，该网络为同配型网络（assortative）；而高度数中心性的成员当倾向于与相异的伙伴建立联系时，该网络为异配型网络（disassortative）。[42,136]希皮洛夫（Shipilov et al.，2012）[137]指出，近似搜索和亲同关系，是促使企业留在他们熟悉的社区内并形成社区内网络联系的强大力量。

以往研究发现，结构同质性与创新网络的长期稳定发展存在矛盾的观点：塔尔瓦（2014）[54]认为，随着高嵌入网络成员之间的创新交互，网络中的优势资源会倾斜并聚集到较为核心的集聚结构中，有利于产业技术规范和产业技术标准的产生。但是，文森特（2014）[131]指出，随着该集聚结构的增长，在内部的紧密性逐渐增强的同时与边缘组织之间的联系会逐渐疏远，造成无法获取探索性和新颖知识的窘境，网络可能走向闭合，甚至衰亡。克雷斯波等（2016）[129]发现，成熟的知识网络如果具有较高的同配性，但随着演进它的自我更新能力会减弱。康和黄（Kang & Hwang，2016）[138]认为，异配型网络的核心结构和边缘结构之间存在着紧密的联系，那么技术的市场开发阶段将由核心组织完成，而边缘组织往往会进行技术探索。卢塞纳等（Lucena et al.，2019）[139]的研究指出，随着网络演化发展，同配型网络使知识资源集聚在少数核心组织中，但因缺乏新颖和探索性知识，网络中的知识库将变得冗余、陈旧，成为网络保守主义和负向锁定的根源。

⑥网络惯例。网络惯例指在网络关系互动过程中形成的、被大部分网络成员共同接受的创新行为模式与合作规范共识，其对网络稳定的影响基本达成一致的观点。例如，党兴华和孙永磊（2013）[140]指出，技术创新网络经过长期演化形成的成熟网络惯例，不仅可以能够促进网络平稳运行，还能降低网络的失败率。常红锦等（2017）[141]发现网络惯例的两个维度，即合作创新行为默契和创新网络规范共识，均呈倒"U"型影响网络成员之间的关系稳定。魏龙等（2018）[34]从能力视角区分常规网络惯例和柔性网络惯例，通过实证研究发现二者负向影响创新网络的脆弱性，且在不确定性双元与网络脆弱性的关系中扮演着中介角色。刘景东和朱梦妍（2019）[142]采用扎根研究方法对 11 个技术创新网络的稳定性研究发现，网络惯例能有效地指导组织行为，协调组织间的关系，促进知识共享。

2.4   技术群体耦合的相关研究

2.4.1   技术群体的概念

（1）概念界定

技术"群"在产业创新网络形成初期，以小规模的创新联盟或是产业技术集群的形式出现。随着网络演进，一些创新能力较强的企业通过技术合作、协作研发等形式与其他企业建立联结，形成彼此紧密合作的且呈现出一定的空间集聚性的小团体，即技术"群"，使得产业创新网络内存在多个子网络结构。现有文献主要从技术类别和技术主体两个视角对技术群体进行概念界定，具体如下：

"技术类别"视角的观点认为，使用聚类方法将相似性的技术凝聚成群体，就形成了多个具有不同技术标签的群体。例如，李等（2007）[143] 认为技术群体是由具有相似特征的技术，根据技术距离的远近或技术邻近程度聚类而成。常（Chang et al.，2009）[144] 描述了识别技术群体的三种方法，包括关键词聚类、共同发明人聚类和共同引证聚类，并认为共同引证聚类能更好地对专利技术进行群体划分。李等（2011）[145] 指出，根据某种技术标准或开发一个技术组合或指标，可以将技术划分为若干群组。他们还论述了两种划分办法，其一是如果在技术之间存在活跃的知识流，或者在知识流中扮演相似的角色，则技术被分配到相同的组中；其二是将生长曲线类似的技术归为同一群组。

"技术主体"视角的观点认为，技术群体指具有相似技术源的技术主体通过知识、技术与资源的频繁交互形成的网络社群。[38,146] 其中，网络社群是复杂网络的关键结构属性之一，指全局网络中致密的非重叠的子群结构且群内行动者之间的联系多于群间，对网络拓扑结构的鲁棒性和功能起着至关重要的作用。[147] 通常情况下，三元闭合是复杂网络中社群结构形成的基本机制，因而社群内部具有节点连接紧密，而社群之间具有节点连接相对稀疏。一些学者也基于此对技术群体及其特征进行了描述，例如，吕等（2017）[113] 和吕一博等（2020）[146] 界定了技术群体分化（technology grouping）的概念，指创新网络在演进过程中，一些具有相似技术源的技术主体通过相互合作形成动态的网络凝聚子群结构的过程。施等（Shi et al.，2020）[148] 指出，技术群体的特征是群内凝聚性和群间桥接性，体现了微观主体与中观社群之间的互联性。

本研究采用"技术主体"的视角来界定技术群体的概念。技术群体（technological group）是产业创新网络的中观社群结构，指具有相似技术源的技术主体，通过知识、技术与资源的频繁交互与合作形成的具有凝聚性的网络子群。[149,150] 通常情况下，具有群内技术主体之间的联系较为紧密，而群间技术主体之间则相对稀疏的特征。[117] 通过技术群体的内部凝聚性和外部桥接关系两方面的表征进行描述。其中，凝聚性描述了技术群体内主体间交流合作的紧密程度，桥接关系则反映了技术群体同外部合作交流的多元化水平。①群内凝聚性。较高程度的凝聚性有助于技术群体内创新氛围的营造，提升群内知识信息交流的活跃度和质量；提升群内交流合作的信任水平，促进群内创新资源的自由流动，提高了个体的资源整合优势；促进群内主体间对话机制的形成，加深企业对主体间关系的认知和理解，有助于提升个体的合作控制优势。②群间桥接关系。较高水平的桥接关系能够拓展企业在技术群体外的搜索渠道，提升了群间知识信息的交流合作水平，拓展了个体的知识获取优势；标志着技术群体间具有较强的互补性，促进了群间的互补性和非冗余知识信息的定向流动；推动跨技术群体的信任合作关系的建立，进而生成新的相似技术源群体，辅助提升了个体中心性的合作控制优势。

（2）概念辨析

技术群体的相关研究可以借鉴合作创新网络中的凝聚子群、联盟网络中的派系等，但是它们与技术群体之间有着一定的联系与区别，具体如下：

①凝聚子群与技术群体的异同。凝聚子群（cohesive subgroup）是社会网络中局部紧密凝聚所形成的网络子结构。通常采用 E－I 指数（范围为－1 到 1）衡量网络中凝聚子群现象是否严重。若该值越靠近 1，意味着子群林立的程度越大。从社会网络的角度来说，一个有凝聚力的子群应具有以下特性，即成员之间的熟悉性、成员之间的可达性和群体的稳健性（不容易被移除成员破坏其稳定结构）。党兴华等（2016）[151] 认为，子群极化是指群组分裂为多个子群并持反对意见的程度，他们基于网络多样化视角探究了分裂断层对技术创新网络中的子群极化现象的影响。因此，本研究认为，技术群体是依据联系密度来划分的一种凝聚子群，亦具有群体林立的现象。

②派系与技术群体的异同。派系（cliques）是一种建立在互惠性关系基础上的凝聚子群。图论中的派系指至少包含 3 个节点的最大完备子图，具有以下属性，即每个顶点都有可能的最大度中心性、任何一对成员之间的距离应尽可能最小，以及顶点之间的连通性尽可能最大。吉尔

斯影等（Gilsing et al.，2014）[72]探讨了联盟网络中派系内部关系和派系外部关系对企业绩效的影响。赵炎等（2016）[112]认为，派系是联盟创新网络自组织演化过程中，基于互惠性关系的网络成员之间相互选择而形成的凝聚子群结构。苏等（Su et al.，2019）[152]区分了企业探索式创新和利用式创新如何受益于派系内关系、派系间关系和派系外关系。但是，派系的标准过于严苛，它要求一组顶点之间存在所有可能的边以获得内聚性，这在现实中较难满足。因此，本研究认为技术群体是一种不严格定义的派系，有关技术群体的内部关系和外部关系的研究可借鉴派系的相关文献。

③技术种群与技术群体的异同。运用生态学种群的概念，种群指在一定时间内，占据一定空间的同种生物的所有个体。随着近年来创新生态系统研究的兴起，种群的理念也被引入和广泛接纳。刘天卓等（2006）[153]认为，如果将企业比喻为物种，那么同一区域中一群工艺、技术相似的企业构成了企业种群。黄鲁成（2010）[154]认为，技术种群（technology population）指行业内特定类别的技术创新主体的集合，他们还借鉴种群演化理论，研究了光学光刻技术种群生态过程中的协同与竞争。林婷婷（2012）[155]认为，产业技术创新生态系统的生物成分由企业种群、科研高校种群、政府种群、中介与金融机构种群等构成。张利飞（2015）[156]从产业链的角度，区分了上游零组件技术、集成技术和下游互补品等技术种群。可见，技术种群更偏向技术的类别及在创新生态系统中扮演的种群角色，这是与技术群体的根本差异之处。

2.4.2 技术群体的层级特征

技术群体在微观行动者层、中观社群层和宏观整体网层具有不同的特征。

（1）个体层技术群体成员的行为

为了弥补自身创新能力缺陷，技术群内的企业个体不断进行着知识的交流、共享与重组，以提升竞争优势。根据关系嵌入理论和节点进退机制，现有研究从个体层的角度探究了"群"成员动态行为和技术群体内特殊节点。

①"群"成员动态行为的研究。西奇和塔塔尔诺维奇（2014）[61]提出，创新网络社群具有群体成员变动和成员跨群流动两种动态属性。魏龙和党兴华（2017）[122]认为，技术创新网络中社群动态行为包括社群成员变动和组织跨社群运动两种。其中，社群成员变动指的是连续时刻（从 t 到 $t+1$），同一社群内部成员的变动比率；组织跨社群运动指技术主体从进入创新网络到当前时刻的社群归属数量。王京北等（Wang et al.，2020）[157]发现，合作联盟网络中动态社群属性包括群内成员变动和群间成员迁移两种行为，其中，群内成员变动指某一网络在相邻两个时间窗口期（从 t 到 $t+1$）社群内成员动态变化的程度，群间成员迁移指焦点组织的跨社群边界的迁移活动。李莉等（2022）[149]研究了技术群内成员变动情况，采用连续两个时间窗口期下产业创新网络中所有技术群体的平均成员更替比率来测量。

②关注技术群体内特殊节点的研究。刘娜等（2021）[158]将社群结构动态定义为社群成员变动和社群经纪人稳定两个维度，其中社群经纪人指不同发明者群体间的桥连接者，在加入某一社群的同时还与其他社群的发明者保持着连接关系。社群成员变动采用社群内部的成员更替程度来表示，社群经纪人稳定反映某社群在相邻两个时间窗口期（从 t 到 $t+1$）网络中社群经纪人的保留比率。赵炎等（2016）[112]在研究中国汽车企业联盟网络中的"抱团"派系现象时，指出团体间重叠点可以看作处于子群结构洞位置的中介节点，此处的企业对于团体之间的资源、信息交流具有较强的控制力。

（2）社群层技术群体的联结研究

社群层主要探讨"群"的结构特征，如派系度、核心度；"群"内外关系特征，如群内关系数、群间关系数、群内凝聚、群间桥接关系、子群极化；"群"的技术特征，如群技术分布、群间技术异质性。

①"群"的结构特征。赵炎和孟庆时（2014）[159]研究了中国 11 个高科技行业联盟网络的企业结派行为并采用子群数量来测量结派的频繁程度，子群内联系密度和子群间联系分别测度了企业结派的紧密程度和企业派别间联系。赵炎和徐悦蕾（2018）[160]实证研究发现，派系团体内的构成越复杂，派系度越大。派系度与派系团体的创新能力之间呈倒 U 型关系，而派系团体外的企业数量会对这影响过程产生抑制作用。郑向杰和司林胜（2022）认为，核心度是反映联盟创新网络中企业局部聚集的一个重要指标，它能够体现单个企业所嵌入凝聚子群的"扎堆"状况。

②"群"内外关系特征。赵炎等（2016）[161]采用"派系内部关系数""派系外部关系数"这两个变量来衡量创新网络中的派系。党兴华等（2016）[151]认为，子群极化反映两方面特征：一是网络中形成局部凝聚子群的程度，二是不同子群间的联系程度。子群极化程度越高，子群间独立程度越强，子群间连接越稀疏。李莉等（2022）[149]认为，技术群耦合是产业创新网络中不同技术群体之间采取的兼容性创新交互活动，其目的是获取跨群异质性资源，实现优势互补和风险共担，技术群耦合可以分解为关系耦合和知识耦合两个维度。

③"群"的技术特征。贾科比和杜耶斯特（Jacob & Duysters，2017）[162]以生物制药行业企业间的合作网络为例，分析了网络社群的技术分布特征。研究表明，社群内企业间的技术结构会随着时间的推移向相似的方向演化。冯科等（2019）[163]认为，技术领域社群是指在技术融合网络中由于彼此之间具有更加紧密的融合关系所形成的技术领域群落，而社群之间的融合关系相对薄弱。慎金花等（2019）[164]应用 Louvain 聚类算法将网络划分为不同的技术社群，通过构建"社群融合潜能"和"技术融合价值"两项指标评估了社群弱关系的融合价值。陈悦等（2021）[165]通过余弦相似度关联相邻时间区间的技术群，并采用可视化技术展示不同时间区间内技术群之间的融合和扩散演化关系。

（3）网络层技术群体的动态结构

受企业个体创新行为的驱动，技术群持续进行着组建、扩张、合并、分裂、萎缩、衰亡等动态变化。刘娜等（2019）[166]认为，当发明者为了安稳的工作环境及避免不必要的风险时，会选择长期处于一个网络社群中，社群结构趋于稳定。当网络社群限制发明者获取利益时，发明者则选择退出，导致网络社群衰退。张娜和孙超（2022）[167]根据网络动态的研究，考察了不同技术生命周期阶段下创新网络中的群内结构动态（群内稳定、群内扩张）和群间结构动态（群间扩张）。其中，群内扩张指在连续两个窗口期社群内部新增的企业数，群内稳定指某企业连续存在于两个窗口期内，群间扩张为某企业在连续两个窗口期内新增的群外合作企业数量。李莉等（2022）[149]认为，随着群体成员构成的剧烈变动，一些旧群体内部成员之间的信任、合作惯例面临着崩塌的风险，在网络层面表现为旧群体的分裂或解体。

（4）技术群体层级特征的关系

西奇等（2012）[104]发现，网络社群间联系是一种结构性交互影响着网络的连通性，桥接关系将不同网络社群连接起来并使任何一对行动者之间相互联系，从而带来小世界效应。塔莱比（2020）[51]认为，择优连接机制影响网络关系的构建，三元闭包和节点相似性影响网络社群结构的形成。从创新实践的角度来看，群内微观行动者为了弥补自身创新能力缺陷，不断进行着群内外的知识交流与重组，长期下去带来群内知识同质和冗余，进而引发跨群关系交互和知识耦合，反映为宏观整体网层具有生命周期属性的群结构的演化。可以发现，技术"群"在个体层的创新行为，在社群层的耦合表现及所引发的网络层结构配置之间呈现逐级递进的影响关系。

2.4.3　技术群体耦合的内涵

耦合的概念最早出现在物理学中，后被广泛应用在软件工程、机械工程、通信领域。耦合指两个或两个以上的子系统或模块间，通过相互依赖而彼此协同的现象。[168] 从耦合的内涵可以看出：耦合的基本前提是耦合各方必须存在某种关联；耦合的结果是耦合各方的属性会发生变化[169]；耦合的良性状态是耦合主体彼此相互作用，产生正向协同作用。创新领域中，关于耦合要素的研究涉及关系层面和知识流层面，具体如下：

①关系耦合。党兴华和张首魁（2005）[170] 认为，技术创新网络中节点间耦合是对不同模块之间互联程度的度量，耦合要素体现在依赖要素、联系要素和激励要素三个方面。郝生宾等（2009）[169] 认为，企业的网络能力和技术能力作为企业创新系统的两个能力子系统，彼此之间能够产生协同和促进作用，存在着耦合关系。党兴华（2009）[171] 指出，技术创新节点耦合关系，包括耦合关系结构和耦合关系质量，其中节点耦合关系的结构包括紧密耦合、松散耦合和完全松散耦合三种。库德（Kude et al.，2009）[172] 认为，组织间关系耦合指两个组织之间既响应性又区别性的关系，只有响应性没有区别性的关系是紧密耦合的，只有区别性没有响应性的关系是解耦的，兼具响应性和区别性的关系是松散耦合的。王亚娟等（2014）[173] 认为，供应商与客户之间的耦合关系，可以分为松散耦合关系和紧密耦合关系，并采用量表法进行了衡量。霍夫曼等（Hofman et al.，2016）[174] 从亲密度和互惠性两个方面，界定了领先企业引导的联盟创新网络的组织关系耦合。贝法尔等（Behfar et al.，2018）[175] 认为，开源软件社群耦群间项目任务的总数，用群间关系的总和来测度其耦合度，其中关系强度是开发人员对项目任务的贡献频率。苏屹等（2018）[176] 从投入产出视角，提出了创新子系统和创新支持子系统（政府支持、金融支持、中介支持和市场支持）的耦合评价模型，并采用中国 31 个省市的科技创新数据识别出耦合关系的程度分布的空间特征。

②知识流耦合。贾卫峰和党兴华（2010）[177] 的分析发现，技术创新网络中节点间的耦合方式由非核心节点间的信息耦合为主，渐渐向以核

心节点与非核心节点之间控制耦合为主的方向演进，这推动了整个网络从知识匹配状态、经过知识流动状态、向知识控制状态进行演进。亚亚瓦拉姆（Yayavaram et al.，2015）[178]认为，知识耦合指的是两个及以上技术领域中的知识元素，通过相互渗透、联结等整合成新知识的过程。单子丹等（2015）[179]将虚拟产业集群知识网络的耦合体系分为结构耦合、角色耦合与能力耦合三个要素，其中结构耦合刻画了各类群体之间相互影响又制约的状态，角色耦合呈现出主体网络位置的变化，能力耦合强化着"新陈代谢"机制。赵炎等（2016）[161]研究了联盟网络派系与知识流的耦合，采用知识流动网络中派系之间的被引用专利数衡量知识溢出、派系之间的引用专利数表示知识的流入。周惠平（2018）[180]将企业外部搜寻中知识元素的耦合结构划分为动态关联度、有效互补度和相互契合度。于飞等（2019）[181]按照知识新旧程度的不同，将知识耦合区分为原有技术领域之间的知识耦合和新旧技术领域的知识耦合两类。

（1）技术群体耦合的概念界定

本研究在明确技术群体与耦合内涵的基础上，界定产业创新网络中技术群体耦合的概念。产业创新网络是一个由技术主体及其相互依赖关系形成的松散耦合系统。[182]松散耦合指的是，网络主体间的相互关系介于能进行控制和不受制约之间。[183]松散耦合采用了一个"矛盾"的分析框架，它适用于一个系统的整体表现和其内部要素的特征同时存在，系统不因其功能分散于各个要素而失去核心，要素也不因融于系统而失去特征的情境。[184]这意味着具有独立的身份、功能和目标的技术主体或模块会通过某种复杂的耦合机制，实现彼此间的协调互动，从而促进产业创新网络保持旺盛的生命力。

本研究认为，技术群体的耦合特征表现为多样性、关联性、协同性。第一，多样性。技术群体是由具有相似技术来源且频繁联系的成员凝聚而成，因而每个技术群体都凸显出其独特的技术属性。不同技术群体之间存在着一定的技术差异性，因而在产业创新网络中技术群体具有多样化的属性。这种多样性主要反映在知识、技术和资源上，对异质性资源的获取意愿，刺激着网络成员实施跨群体耦合。第二，关联性。不同技术群体之间并非完全孤立，而是相互关联和彼此影响的。一方面，不同技术群体处于同一产业创新网络中，因而在技术种类上存在着自然的关联性；另一方面，从结构的视角来看，技术群体之间往往存在着一些中介节点维持着群体之间的关系，并控制知识流动；从演进的视角来看，随着创新网络中成员的进入退出，成员也发生着跨群体边界的波动和变迁，从而建立起群体之间的动态关联性。第三，协同性。鉴于技术群体的多样性和关联性，根据自身发展目的的不同，技术群体往往会与其他群体开展交互活动以实现优势互补，从而通过协同发展，共同维护整个网络的运行绩效。

因此，本研究将技术群体耦合界定为产业创新网络中不同技术群体之间采取的兼容性创新交互活动，其目的是获取跨群异质性资源，实现优势互补和风险共担。

（2）技术群体耦合的维度

网络范式中结构主义流派（structuralism）注重网络的拓扑结构特征、关系配置和连接模式，却忽视网络关系所承载的内容；连接主义流派（connectionism）将网络关系视为资源、信息和知识流通的管道，侧重关注关系承载的资源。[57] 在创新网络中，关系指技术主体之间的联系，它可以是企业关系的建立、深化、弱化、断裂等。而且，知识基础观认为，节点是具有独特资源知识禀赋的集合体，知识是主体间构建网络关系的驱动力、也是实现创新和赢得竞争优势的关键。由此可见，节点之间具有"关系"和"知识"的二相性。其中，关系维度强调节点之间的关系结构和质量，而知识维度强调节点作为知识的集合体之间的知识流动。因此，本研究进一步将技术群体耦合分解为关系耦合（关系）、知识耦合（知识）两个维度，如图2.6所示。

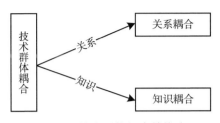

图 2.6　技术群体耦合的维度

第一，技术群体的关系耦合，关注的是群体之间的关系结构和强度。[185] 根据关系嵌入理论，本研究认为关系结构代表技术群体之间彼此连接的强弱程度，分为零耦合、松散耦合和紧密耦合三种模式，关系强度表示技术群体之间的互动频率。这意味着，技术群体之间关系耦合从弱到强可以是无耦合关系，松散的弱关系和紧密的强关系。

第二，技术群体的知识耦合，关注的是技术群体的知识之间相互渗透、整合等，具体指不同技术群体在实施创新合作过程中开展的互补性和兼容性知识流动[141]，耦合度反映了技术群所具备的知识之间的交流程度。根据知识流的相关研究，技术群体实施知识耦合具有过程性，即需要搜索具有知识兼容性和互补性的耦合对象并匹配后，才能执行转移并吸收、整合，从而实现不同程度的知识耦合。

2.4.4　技术群体耦合的动因研究

通过梳理文献发现，技术群体耦合的驱动因素主要来自实施耦合行为的伙伴属性因素、网络因素、知识/技术属性因素和情境因素，具体如下：

（1）耦合的伙伴因素。研发伙伴的文献[186]提出，伙伴选择和匹配的影响因素包括，技术实力、资源水平、相容性、知识产权情况等。知识流动的研究[187]认为，知识的来源方和受体方会影响知识耦合，如知识来源方的知识转移意愿、转移动机和转移能力，知识受体方的接受意愿、解码能力和吸收能力等。联盟研究的观点[188]认为，企业声誉、资源技术互补和企业兼容性是伙伴选择的因素。

此外，还有一些研究从动态层面重点阐述了成员的动态属性，即群体成员变动和成员跨群流动会影响技术主体之间的耦合。[61]其中，群体成员变动表示技术群体持续存在旧成员退出和新成员加入，新颖的外部想法、多样化资源随着新成员的进入流入群体中，更新了群内老化的知识库；成员跨群流动意味着组织为了获取竞争优势会从原先的技术群体中脱离出来进入其他群体，有利于接触多样化的知识资源。

（2）耦合的网络因素。西奇等（2012）[104]认为，现有研究虽然重视社群之间的稀疏关系，但却忽视了其动因研究，而他们的研究发现行动者所嵌入的网络结构特征，以及全局网络的演化会影响群间桥接关系的形成和分布。鲍姆等（Baum et al.，2012）[71]认为，群间稀疏关系的优势在迅速变化和短期取向的环境中表现得最明显，但长期来看，更容易因伙伴间的机会主义行为产生冲突和腐败破坏其功能，因此，这种关系更可能随着时间的推移衰退而不是加深。贝尔法等（2018）[175]对开源软件开发人员网络的研究结果表明，群体内密度、群体规模、开发者中心性和中介度都会影响群体间耦合。

（3）耦合的知识/技术因素。毕克新等（2012）[189]认为，影响知识流耦合的因素包括：知识流耦合度、知识特性、知识传递方式和组织环境。古拉提等（2012）[105]认为，紧密相连的社群内部流通的大部分资源是冗余的，而桥接关系成为成员获取非冗余信息和新颖资源的有效途径，因而异质技术知识会驱使技术群体耦合。张利飞（2015）[156]以背光模组技术种群为研究对象，发现上游零组件与下游互补品技术种群的非对称耦合，受到技术互动强度、技术相对重要性、技术所有权集中度的影响。

（4）耦合的情境因素。学者们发现技术群体具有的技术属性和位置属性，以及外部动荡的技术环境，是导致耦合权变的情境因素。古拉提等（2012）[105]发现，在竞争激烈的环境中，网络成员的生存与否，取决于他们不断获得和重新组合各种资源的能力，因而技术环境的动荡变化，以及创新网络的技术多样性会刺激耦合活动的强度。魏龙和党兴华

(2017)[65]以高科技生物制药行业的技术创新网络为研究对象，实证发现社群间位置非对称性和技术非对称性是影响社群动态属性与双元创新的情境因素。施国平等（2019）[190]利用风险投资网络的数据研究发现，社群间技术异质性会驱动成员进入和退出群体边界，从而影响投资绩效。李莉等（2020）[38]认为，技术群体之间的知识、技术和资源能否高效转移并匹配到互补成员可能会受到产业技术动荡的影响。

2.4.5 技术群体耦合的结果研究

技术群体耦合是成员跨技术群体边界开展的兼容性与互补性交互活动，现有文献大多从技术群体内部凝聚性和外部桥接关系两个互补的属性开展研究。技术群体的内部凝聚性反映了群内主体之间联系的紧密性，保证了资源获取的丰富性和安全性；群间桥接关系提供了可达性和自主性，反映了群体之间的多样化联系水平。[191]以往研究发现，技术群体耦合的影响结果主要聚焦在企业创新绩效和创新网络结果两个方面。

（1）企业的创新产出

希林（Schilling et al.，2007）[192]通过对 11 个产业层面联盟网络中 1 106 家企业的专利绩效进行纵向研究发现，高群内凝聚和高群体外部可达性的企业具有更大的创新产出。蒂瓦纳（Tiwana，2008）[193]通过对 42 个创新项目联盟数据的实证研究指出，群间桥接关系提供了多样化的、跨越结构洞的视角和能力，而群内凝聚关系有助于整合它们，从而实现创新。吉尔斯影（2014）[72]采用专用集成电路企业间的联盟网络数据研究发现，跨越派系的关系对企业创新绩效的正向影响强于派系内部关系，且在技术不确定性时期派系内部关系对创新绩效有负向影响；相反，派系间关系则缓解了技术不确定性对企业创新绩效的负面作用。赵炎等（2016）[161]对半导体行业的联盟网络进行实证检验，发现派系内部和外部关系数量越多，企业的创新能力越强。苏等（Su et al.，2019）[152]发现，派系间关系和派系外关系正向影响伙伴间的探索式学习，而派系内关系则几乎不起作用。施等（2020）[148]发现群内凝聚性和群间桥接关系，在网络嵌入（中心性和结构洞）与企业渐进式创新的关系中起调节作用。

（2）创新网络的结果

现有技术群体耦合的研究结果反映在创新网络的结构连通性、创新扩散、抗毁性等方面。帕杜拉（Padula，2008）[70]认为，群间桥接的捷径通过传递新颖且多样化的知识和资源，打破了群内知识冗余的倾向，能促进不同群体的成员之间开展知识重组。方等（Fang et al.，2009）[194]指出，小世界性使凝聚性和桥接关系有机结合起来，即通过少量的桥接路径连接起局部紧凑的团簇，并认为这种半封闭的群体结构不仅能促进知识在局部有效扩散，还有利于获取新颖的外部知识。古拉提等（2012）[105]认为，微观个体成员具有两种行为倾向，一种是具有相似性的成员通过紧密联系会凝聚成社群，另一种是不同社群的成员之间通过建立起桥梁关系将这些社群结合在一起，形成一个"小世界"。克雷斯波等（2014）[28]指出，群体耦合的结构性表现，对创新网络呈现出集聚结构的态势发挥着关键作用。这是因为技术群体耦合跨越了单个技术群体所缺乏的知识结构漏洞，突破局部封闭的群体边界，通过构建全局桥接渠道给群内成员带来异质性知识，从而削弱了网络集聚结构的形成趋势。吕等（2017）[113]以智能手机为研究对象，实证研究发现产业技术群体分化是普遍现象，且群内凝聚性、群间桥接关系均正向促进创新扩散。李莉等（2020）[38]通过对11个新能源产业子技术领域的创新网络进行实证分析发现，技术群体的关系耦合会直接影响网络抗毁性。

2.5　研究述评

本章首先在明确产业创新网络内涵和构成的基础上，界定了网络抗毁性的概念和维度。随后，从网络动态、网络层级、关系嵌入和知识流动方面回顾了相关研究基础。然后，依据网络层级的研究，梳理了创新网络抗毁性的相关文献，并阐明了技术群体的概念。最后，阐述了技术群体耦合的内涵和维度，并从动因和结果两个层面梳理了技术群体耦合的相关文献。

通过系统梳理，发现技术群体耦合与创新网络抗毁性的研究进展和不足如下：

（1）技术群体耦合的动因研究主要源于伙伴因素、知识因素、网络因素和情境因素，从微观主体的动态群体行为视角探讨对技术群体耦合所起的驱动作用尚有欠缺。

根据网络动态理论，产业创新网络在演化、发展过程中具有成员频繁加入和退出的动态属性，而且，网络社群的研究也发现群内凝聚性和群间桥接关系的效用发挥具有时间动态性。因此，在考虑动态性的基础上探究技术群体耦合的动因才更具说服力。技术群体中微观主体的动态行为属性，主要表现为群体成员变动和成员跨群流动两种。先前研究发现，二者会影响技术主体之间的创新交互，但没有就其如何影响技术群体之间的耦合开展进一步的机制研究。鉴于此，亟须探究群体成员变动与成员跨群流动对技术群体耦合的驱动作用。

（2）中观社群视角的研究在创新网络抗毁性的前因因素中较为不足，而且以往研究忽视了技术群体作为中观结构属性在衔接微观组织和宏观网络的重要价值。

当前，一些研究探讨了社群结构属性、社群动态属性与创新网络结构连通性或者网络效率的关系。但是，社群结构属性的重心主要围绕的是技术群体之间的桥接关系，仅强调跨越结构洞的关系构建与否及作用，对阐明技术群体之间的"耦合"效应还不够充分。而且，以往研究单一地阐述技术群体间桥接关系对创新网络抗毁性的结构或功能维度的影响，缺乏从"结构－功能"维度全面理解其与创新网络抗毁性的作用关系。此外，先前研究中虽然涉及了动态社群的研究，但是大多从结构维度刻画社群的组建、扩张、合并、分裂、萎缩、衰亡等动态演进对网络拓扑结构的直观影响，不仅缺乏对功能维度抗毁性的影响结果探索，还鲜有考虑这些动态社群属性在微观组织和宏观网络之间的衔接作用。鉴于此，揭示技术群体耦合的维度，并在考虑社群动态属性的基础上，深入剖析其与创新网络结构抗毁性和功能抗毁性之间的作用机制极有必要。

（3）创新网络抗毁性的研究多聚焦在微观组织视角和宏观网络视角，且诸多因素对抗毁性的作用关系并未得出一致的观点，对关系机制的探讨也不够深入。

一方面，已有研究对核心企业，以及企业之间的交互活动等开展了探讨，但核心企业有助于维持网络稳定还是极易使网络失灵却存在相悖的观点，遗憾的是，先前文献并未就这一关系的作用机理作深入阐述。而且，企业间创新交互活动过于强烈或薄弱都可能致使创新网络面临不确定性，那么在技术群体分化态势愈演愈烈的情境下，网络社群之间的交互亦是如此吗？这一问题还没有得到进一步讨论。另一方面，由于创新网络抗毁性的概念源于复杂网络，因而网络结构属性如网络层级性、集聚结构、结构同质性等，作为前因因素影响创新网络抗毁性的理论分析相对充分，但研究结果却呈现出既有助于又不利于网络抗毁性的双重面，而且缺乏采用实证分析方法对这些作用关系进行检验。因而，还需进一步厘清和验证这些属性为何对创新网络抗毁性发挥不同作用。

综上所述，本研究首先探究成员的动态社群行为驱动技术群体耦合的机制，而后开展技术群体耦合影响产业创新网络结构抗毁性和功能抗毁性的作用机制研究。

3 研究框架与样本

为了深入开展技术群体耦合与产业创新网络抗毁性的关系研究，本章在回顾相关文献基础上构建总体研究框架。然后，阐述了研究视角、研究方法，以及相关准备工作，包括研究对象的选取、数据来源、数据获取和处理，并对样本进行网络拓扑分析和描述性分析。

3.1 研究框架

作为产业创新网络中的一种普遍现象，技术群体耦合是本研究的切入点。针对技术群体涌现的新趋势，以及技术群体耦合的现象，本研究认为，首先需要阐明技术群体耦合有哪些表现，以及在动态演进过程中哪些因素触发了技术群体开展耦合活动。其次，本研究拟将重心放在技术群体关系耦合、知识耦合与产业创新网络抗毁性的作用关系上，并从"结构—功能"双维度全面阐释产业创新网络抗毁性。

（1）动态群体行为视角下技术群体耦合的动因研究

①技术群体耦合的表现——关系耦合与知识耦合。

知识基础观认为，技术主体是具有独特资源和知识禀赋的集合体。结合结构主义流派和连接主义流派的观点[57]，网络节点之间的交互具有关系和知识二相性，其中，关系方面强调"网络主体"之间关系的结构和质量，而知识方面侧重"知识集合"之间的流动程度。据此，本研究认为，产业创新网络中技术群体耦合的表现可以解构为关系耦合和知识耦合两个维度。其中，技术群体的关系耦合重点关注的是群间主体的关系结构和强度，技术群体的知识耦合侧重于群体的知识元素之间的互补性和兼容性流动。

②触发技术群体耦合的关键影响因素——动态群体行为。

技术群体的涌现在产业创新网络中不仅表现为静态结构属性，还伴随着动态行为属性。基于文献综述，本研究认为，从动态群体行为视角准确认识其作为动因如何驱动技术群体耦合，对理解技术群体耦合的双重表现具有重要意义，因而是开展本研究的基础。

结合网络动态理论中的成员进入、退出机制，可以发现技术群体的微观成员持续不断地进行着变动行为和跨群流动行为。而且，网络层级的相关研究指出，微观成员的行为是中观社群结果的驱动因素，可见微观主体的动态行为与中观技术群体耦合之间存在着一定的影响关系，亟待进一步阐释和明晰。

综上所述，本研究首先探讨微观成员的动态群体行为，即群体成员变动和成员跨群流动，对技术群体关系耦合和知识耦合的驱动机理。

（2）技术群体耦合与产业创新网络抗毁性的作用机制研究

技术群体之间的关系耦合是网络视角下可以观测到的最直观表象。根据微观组织交互造成的强网络失灵和弱网络失灵研究，本研究旨在探讨技术群体之间的关系耦合与产业创新网络抗毁性的作用关系。此外，根据网络连接流派的观点，仅考虑关系而忽略知识流动并不能完整地反映产业创新网络结构和功能运行的全貌。因此，本研究认为，还有必要关注技术群体的知识耦合与创新网络抗毁性的作用关系。

鉴于此，根据关系嵌入理论和知识流动研究，以及中观社群视角的创新网络抗毁性研究综述，本研究预计技术群体耦合的两种表现，即关系耦合和知识耦合会直接影响产业创新网络的抗毁性。但是，考虑到产业创新网络中不同技术群体之间采取的兼容性创新交互活动（技术群体耦合）还有可能间接通过某些网络层面的结构属性来发挥对网络抗毁性的效应，因此在探究技术群体耦合与产业创新网络抗毁性作用关系中的中介路径极有必要。

根据克雷斯波等（2014，2016）[28,129]的研究，本研究认为"度分布"和"度相关"，是影响产业创新网络抗毁性的两个独立的关键结构属性，技术群体耦合极有可能通过这两个属性产生对创新网络抗毁性不同的间接影响效应。

①度分布、度相关属性与产业创新网络抗毁性。

一方面，复杂网络中的"度分布"属性，表示网络中节点的关系能力分布水平。创新网络的度分布往往呈现出明显的少数节点拥有较强的关系能力，而大量节点拥有少数关系的幂律分布特征，反映了网络"集聚结构"的态势。并且，以往研究指出，具有高度集聚结构的产业创新网络由于被少数核心主体主导，可能在面临冲击时，缺乏结构鲁棒性和灵活应对危机的能力，不利于网络抗毁性。另一方面，复杂网络中"度相关"属性，表示网络中节点间的关系连接倾向，代表网络是同配型还是异配型，反映了网络的"结构同质性"程度。并且，以往研究发现，结构同质性较高的产业创新网络往往具有较为明显的核心 - 边缘结构，不仅阻碍了网络全局的连通性，还抑制了创新扩散，会影响网络抗毁性。综上所述，"度分布"和"度相关"属性分别对应产业创新网络中的"集聚结构"和"结构同质性"，它们分别直接作用于产业创新网络抗毁性。

②技术群体耦合与度分布、度相关属性。

本研究认为，技术群体的关系耦合与"度分布"属性即"集聚结构"具有不可忽视的重要关系，因为技术群体开展关系耦合是一种结构性表现，它可以跨越单个技术群体所缺乏的知识结构漏洞，突破局部封闭的群体边界去构建全局桥接关系的渠道，进而削弱网络集聚结构的趋势。而技术群体知识耦合则与"度相关"属性即"结构同质性"紧密相连，因为技术群体之间的知识耦合活动是在获取异质性资源的动机下驱使开展，这意味着耦合的建立属于异配连接，会降低整体网络的结构同质性。

　　因此，本研究认为，在探索技术群体关系耦合与产业创新网络结构抗毁性和功能抗毁性的作用关系中，还需进一步明晰"集聚结构"所扮演的中介效应；在探索技术群体知识耦合与产业创新网络结构抗毁性和功能抗毁性的作用关系中，仍需进一步挖掘"结构同质性"的中介路径。

　　综上所述，本研究首先基于网络动态理论，提出从微观组织的动态群体行为视角开展技术群体耦合动因研究的框架，具体探讨群体成员变动和成员跨群流动分别与技术群体关系耦合和技术群体知识耦合的作用关系；其次，基于关系嵌入理论和知识流研究，依次从关系和知识维度，构建技术群体关系耦合通过"集聚结构"与产业创新网络结构抗毁性和功能抗毁性影响关系的框架，以及技术群体知识耦合通过"结构同质性"间接影响创新网络结构和功能抗毁性的作用关系框架，以期探讨技术群体耦合对产业创新网络抗毁性的影响机制。因此，绘制出"动态群体行为—技术群体耦合—产业创新网络抗毁性"的研究总框架，如图3.1所示。

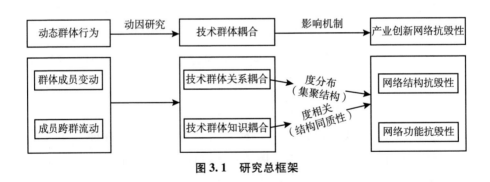

图3.1　研究总框架

3.2　研究方法

　　尽管本研究涉及微观层面的技术主体的行为、中观的技术群体耦合与宏观的创新网络抗毁性，但多层级属性往往造成跨层级研究的误解，因而有必要强调本研究采用的是社会网络分析方法中的"整体网"方法。回顾网络范式研究类别，本研究是表3.1所示的"整体网或网络层面的互动"的第四种类型。[195]

表 3.1 网络研究的分类

自变量	因变量	
	个体组织	组织的集合（网络）
组织变量	①组织通过二元互动对其他组织的影响	②个体组织对网络的影响
网络变量	③网络对个体组织的影响	④整体网或网络层面的互动

（1）社会网络分析方法

社会网络分析也被称为结构分析，是一个被广泛用来调查社会结构的工具。与传统以个体为核心的研究不同，社会网络分析侧重于以下两点：其一，行动者之间的关系模式比行动者的个体属性更为重要；其二，研究侧重于结构规律，以及如何影响行动者的行为。[196]现有文献将社会网络分析的研究分为自中心网和整体网两个视角。自中心网是以自我为中心的相互关系所形成的网络，它关心个体行为如何受到其所建立起来的社会网络关系的影响。一般自中心网没有明确边界，因而只能对网络关系进行分析，不能分析网络的整体结构。整体网则是特定行动者及它们之间的关系共同组成的网络，它分析的重点是整体网络结构，因而合理地界定网络边界非常重要。[197]

（2）整体网研究方法

一般来说，网络承担的是研究的背景或语境，而不是分析的单元。[195]因而，现有创新网络的研究多数将企业（组织）置于网络背景下，研究"自变量为组织－因变量为组织"的关系，即表3.1所示的"整体网或网络层面的互动"的第一种类型。这类研究的分析单元是组织，研究者需要对网络中的组织层面收集数据。相应地，构念、操作化程序和测量偏向于组织的前因和结果，而不是在网络层级的测量。但是，当以网络为分析单位时，往往需要更多组织之间的关系去构建网络，且网络样本的数量不能太少。

在整体网的研究文献中，通常学者们选取某一个或几个特定网络为研究对象，执行描述性网络图谱分析，得出结构属性演化状况的结论。例如，卡吉卡瓦等（Kajikawa et al.，2010）[198]以日本8个区域性集群网络为例，涉及工业制药、环保、半导体等多个产业，构建了企业间网络数据，进行整体网视角下的多尺度描述性分析；伽德特（Gardet et al.，2011）[199]以6个创新网络为案例进行定性研究，分析了网络协调机制及其演变过程。秋伊（Choe，2013）[200]采用社会网络分析方法，构建了有机太阳能电池领域，以国家、机构和技术为节点的专利引用网络，绘制网络拓扑图并计算相关网络指标，进行描述性分析。

但是，限于案例数据的独特性，这类研究无法揭示产业创新网络演进的一般规律，因而运用大规模网络样本开展实证检验就很有必要。但是，目前以创新网络为分析单元的实证研究较为稀少。造成这一现状的原因在于，大样本网络数据的获取难度较大、网络边界界定标准不一、数据处理复杂等。借鉴拉姆珀萨德等（Rampersad et al.，2010）[8]的观点，整体网的研究需强调理论分析、变量测量和统计分析的一致性，这对于提高研究的清晰度、精确性和严谨性，以及减少误解都非常重要。

综上所述，本研究构建产业创新网络作为分析单元，并依据以往研究[113,201]界定网络边界。在理论分析方面，依据整体网研究方法，开展成员的动态群体行为与技术群体耦合的驱动关系研究，以及技术群体耦合对产业创新网络抗毁性的作用关系研究。由于中观社群层面的技术群体与宏观网络层面的抗毁性所属的层级不同，且研究框架涵盖了技术群体的微观成员，本研究统一从整体网的角度界定其概念，并进行研究假设的论证。在样本描述方面，将采取整体网方法，通过网络拓扑分析的方式，观测并描述样本的整体属性，计算相关网络结构指标。而且，在变量测度和统计回归分析方面，均与整体网的理论分析保持一致。

最后，由于研究框架涉及微观成员的动态群体属性，为使研究顺利进行，在选取样本时需要注意以下两点：第一，样本应能够直观描述技术群体涌现的现象，不仅适于从技术群体内部剖析微观个体，还应可以扩大视野去观测技术群体之间的交互活动。第二，样本应适于进行纵向分析，可以观测到产业创新网络在不同演进状态下，成员的动态群体行为、技术群体交互和产业创新网络结构的演变态势。

3.3 样本与数据

3.3.1 样本选取

本研究选取新能源产业作为研究对象。从新能源内涵上来讲，新能源（new energy）是相对传统能源如煤炭、石油、天然气、水能而言的非常规能源，包括新技术开发利用的可再生能源（renewable energy）。其中，可再生能源指在自然界中可以不断再生、永续利用，消耗后可得到恢复补充，不产生或极少产生污染物的资源。本节从样本选取的原因、样本技术种类的选择两个方面分别描述。

（1）选取新能源产业的原因

第一，新能源产业的技术创新得到世界各国的重视。随着国际社会对保护生态环境、应对气候变化、保障能源安全等问题日益重视，能源技术成为实现创新驱动发展的原动力。世界主要国家和地区均把新能源技术视为新一轮产业革命的突破口，制定各种战略规划和政策以加快能源技术创新，以增强国际竞争力。第二，新能源产业在技术创新发展上具有典型性。与传统能源技术相比，新能源领域的创新需要长期的风险投资且往往具有破坏性，因为它偏离了传统的市场和技术基础，具有高昂的初始成本和不成熟的市场基础设施。[202]第三，新能源产业的创新网络平稳运行具有高度的重要性。作为全球战略性新兴产业，新能源产业具有技术密集、初期研发投入巨大、成本回收周期较长等特性。其技术创新活跃度高、知识更新迭代快，网络成员波动和技术群体分化现象较为明显，构建抗毁性较高的创新网络对产业的平稳发展非常重要。[38]

（2）新能源技术种类的选择

由于各国能源禀赋、发展阶段的差异，新能源产业的发展和种类划分稍有不同。为了进一步确定研究对象，首先对全球主要国家重点关注的技术领域，作简要回顾。

美国的整体能源战略始于全球性第一次石油危机爆发的 1973 年。经过 30 余年的发展，美国于 2005 年着手布局以新能源为核心的新兴战略发展方向，于 2009 年正式提出《美国创新战略》，将新能源技术开发和应用列为国家未来发展的重点。目前，美国的新能源种类主要包括风能、地热能、生物质能、太阳能、氢能、燃料电池、海洋能和小水电站电能等。日本为了摆脱对能源进口的过度依赖，在美国之后率先启动"新能源开发计划"，于 1997 年制定《促进新能源利用特别措施法》，从供给和需求两个视角划分了新能源的多种类型，随后陆续公布了"新能源产业化远景构想""新国家能源战略"，大力进军新能源领域。当下，日本的新能源的种类已经扩充到太阳能、风能、温差能源、氢能、燃料电池、生物质能、废弃物发电、海洋能、地热能和核能等。韩国培育新能源及可再生能源产业可追溯到 1987 年，主要以太阳能、风力、燃料电池为重心，潮汐能、地热能、生物质能也被大力推进。欧盟各成员国于 1993 年实施了第一个可再生能源专项技术措施，2003 年提出以可再生能源为基础的氢能源转型计划，在 2008 年全球金融危机爆发后，进一步加大了新能源领域（包括太阳能、水能、风能、生物质能、潮汐能、地热能等）的政策支持力度。中国于 1995 年明确提出加快建设新能源和可再生能源的发展，先后出台了多项政策、颁布《可再生能源法》，强调并支持其在国家能源发展战略的重要地位。目前中国新能源的范围主要包括，太阳能、风能、现代生物质能（生物质发电、沼气、生物燃料等）、地热能、海洋能、氢能、核能等。

综上可以发现，太阳能、风能、生物质能、氢能，以及储能电池是世界各国重点支持的新能源技术种类。此外，笔者在结合新能源产业发展状况的基础上，查阅发表在国际能源类学术期刊 *Renewable and Sustainable Energy Reviews*、*Energy policy*、*Renewable Energy* 等的相关文献，进一步识别细分技术类别。最终，本研究在借鉴（Johnstone et al.，2010）[203]、波普等（Popp et al.，2013）[204]、黄等（Huang et al.，2015）[205]、钱凯蒂等（Chanchetti et al.，2016）[206]、马荣康和刘凤朝（2017）[207]的基础上，确定了以下 11 个较为活跃发展的技术领域：太阳能光热、太阳能光伏、风电控制、风力发电、生物质能、储氢、液化氢、沼气、锂电池、液流电池、燃料电池技术。这些技术领域基本较为全面地覆盖了近年来新能源产业发展的侧重点，能代表新能源产业执行后续研究。

3.3.2 数据来源

近年来，在世界各国的支持下，新能源产业技术取得了诸多的研发成果和创新产出，且以专利的形式公开，这为进行新能源领域的创新研究提供了强大的数据支撑。针对以上新能源产业的技术类型，本研究选取专利数据作为初始数据来源。

现有许多有关新能源产业技术领域的研究都采用专利数据，例如，约翰斯通等（2010）[203]通过利用欧洲专利局数据库（EPO）检索了风能、太阳能、地热能、生物质能和海洋能的技术创新状况，数据显示，自 20 世纪 90 年代中期起，风能和太阳能专利活动增长迅速，生物质能和海洋能方面的创新非常少，地热能几乎没有什么创新。波普等（2013）[204]采用来自美国专利商标局数据库（USPTO）的风能、太阳能、燃料电池、核能、混合动力汽车和能源效率六个能源技术领域的专利，实证检验技术变化和研发不确定性对能源创新成功的重要性。黄等（2015）[205]利用 WOS 数据库中的论文和 USPTO 的 1991～2010 年间燃料电池技术专利数据，发现科学与技术之间的联系越来越紧密。钱凯蒂等

(2016)[206]对 1994~2013 年间世界各国氢能源的专利数据进行了技术生命周期分析，发现氢能源技术进入了稳定发展阶段。马荣康和刘凤朝 (2017)[207]以新能源产业较为活跃的太阳能、燃料电池和风能为例，采用 IPC 专利分类号检索的方法，获取了中国 incoPat 科技创新情报平台上的专利数据进行技术转移网络演变特征研究。赵蓉英和全薇（2017）[208]通过关键词检索策略从 USPTO 数据上获取了 2015 年之前的锂电池技术专利信息，分析了前向和后向引用状况。

采用专利研究具有以下优势：第一，作为技术进步和研发活动的直接产出，专利是一种很好的技术衡量指标[145]，而且专利数据使创新网络的纵向研究成为可能。第二，专利文件提供了一套有关发明的丰富信息，包括专利的名称、申请日期、发布日期、摘要、专利权人、国际分类号、引文信息等，有利于执行各种专利分析。第三，有关发明人和专利权人的信息可以轻易地从专利数据中获得。

尽管学界普遍采用专利来代表技术创新，然而其有效性不断受到批评：其一，并不是所有的发明都获得了专利，专利技术的市场表现没有被考虑在内；其二，专利数量的多少难以衡量专利的价值；其三，各国的专利制度和专利保护程度不同。但是，专利数据仍是可获得的关于创新的最佳数据来源。而且，专利价值可以借助专利引用情况来判断，通常某专利越重要那么后续引用该专利的就会越多。专利引用分析检查了每个专利被随后专利引用的次数，并被用于衡量专利质量、经济价值以及知识流动和发明之间的溢出效应。[209]

3.3.3 数据获取

（1）数据源

本研究选取美国专利商标局数据库（USPTO）的授权专利为检索数据源，构建检索式，来获取初始专利数据。USPTO 数据库被认为是信息最丰富、具有代表性且高度可靠的专利数据库。[210]该数据库提供专利的引文信息，支持各种专利分析，因为在美国专利的申请和审查过程中，申请人或审查员须添加对现有技术的引用。[211]而且，通过专利之间的引用与被引用关系，可以观察出技术的相互替代、补充和演化关系。因此，USPTO 通常被认为是创新研究的合适数据源。

（2）检索方法

根据现有文献，本研究采用的是关键词和 IPC 分类号共同检索的策略。笔者首先搜集了文献中涉及新能源技术的 IPC 分类号，如风能技术包括 F03D 1/00，F03D 3/00，F03D 5/00，F03D 7/00，F03D 9/00，F03D44/00，B60L8/00；太阳能技术包括 F03G 6/00，F24J 2/00，H01L 27/142，H01L 31/04 – 078，H02N 6/00，E04D 13/18 等；太阳能光伏技术包括 H01L 31/04 – 058，H02N 6/00，H01L 27/142；氢能技术包括 C01B 03/00，F17C，B60L 011/18；生物质能包括 C10L 5/42 – 48，F02B 43/08，F01K 25/14，F01K 25/14；燃料电池包括 H01M4/00，H01M4/86，H01M4/90，H01M 8，但仍不足以全面涉及本研究的 11 个细分技术领域。为避免漏检、误检，最终本研究在采用 IPC 分类号检索的同时，执行关键词检索。关键词检索的策略是，在 USPTO 数据库中限定检索字段为"标题"或者"摘要"进行专利检索，时间限定为 2001 年 1 月 1 日至 2018 年 12 月 31 日，其检索式为表 3.2 所示。本研究共计获取授权专利 53 015 条。初始时间设置在 2001 年是因为，在发达国家互联网泡沫破灭和亚洲经济危机的背景下，千禧年是世界各国新兴经济体开始快速增长的关键转折年。[212]而且，结合全球新能源发展的历史沿革以及专利检索分布情况发现，2001 年之前的专利数量比较稀疏，不利于产业创新网络的构建和技术群体的识别。

表 3.2   关键词策略专利检索式

技术类别	关键词检索式
太阳能光热	ABST/（" concentrated solar power" or" concentrating solar power" or CSP or" solar thermal" or" solar heat" or" solar heater" or" solar heaters" or" solar heating" or" dish concentrator" or" solar photo-thermal" or" solar collector" or" solar-assisted heat pump" or" solar heat pump") and ISD/1/1/2001 –>12/31/2018

技术类别	关键词检索式
太阳能光伏	ABST/（photovoltaic or" solar photovoltaic" or" PV solar" or" concentrator PV" or" PV power generation" or" PV inverter" or" photovoltaic inverter"）and ISD/1/1/2001 –> 12/31/2018
风力发电	ABST/（" wind generator" or" wind power" or" Doubly fed induction" or DFIG or" doubly-fed wind power" or" wind turbine" or" off-grid wind power" or" Grid – Connected"）and ISD/1/1/2001 –> 12/31/2018
风电控制	ABST/（（（wind or" wind speed" or" wind filed" or" wind energy"）（" control-box" or control $ or invert $ or convert $ or transform $ or substation or rectify $ ））or" wind turbine converter"）and ISD/1/1/2001 –> 12/31/2018
生物质能	ABST/（Biomass or bio – $ ）and（Fuel or oil or" crop straw" or" Agricultural waste" or" forestry waste" or garbage or starch $ or waste or slop or scavenge or" Livestock manure" or" solid waste" or" industrial waste" or" organic wastewater"）and ISD/1/1/2001 –> 12/31/2018
沼气	ABST/（biogas or methane or" marsh gas" or firedamp or" biogas residue" or orthophosphate or Digestate or" biogas slurry" or" Anaerobic fermentation slurry" or" biogas liquid" or" biogas fluid"）and ISD/1/1/2001 –> 12/31/2018
储氢	TTL/（hydrogen or hydride or" hydrogen energy" or hydride $ or Wasserstoffenergie）and（storage）and ISD/1/1/2001 –> 12/31/2018
液化氢	TTL/（hydrogen or hydride or" hydrogen energy" or hydride $ or Wasserstoffenergie）and（liquid）and ISD/1/1/2001 –> 12/31/2018
锂电池	ABST/（（li-ion or lithium or lithium-ion）and（batter $ or cell or accumulator or diaphragm or electrolyte or membrane or material or production or equipment））and（polymer or" iron phosphate" or" electric bicycle" or button or" cobalt acid" or" electric vehicle" or accessories or charger or" Electronic components" or cathode or anode or recycling）and ISD/1/1/2001 –> 12/31/2018
液流电池	ABST/（（flow or" flow redox" or" electrochemical flow" or vanadium or" vanadium redox" or" vanadium flow" or" zinc bromine flow" or" Sodium polysulfide-bromide" or Fe – Ti or Fe – Cr）and（battery $ or cell $ or accumulator $ ））and ISD/1/1/2001 –> 12/31/2018
燃料电池	TTL/（" fuel cell" or" fuel battery"）and ISD/1/1/2001 –> 12/31/2018

（3）专利趋势

图 3.2 展示了 2001～2018 年全球主要新能源技术领域的专利数量变化趋势。总体呈现逐年增长态势，相对而言，2008 年之前较为平缓，而

后增长速率明显加快。这可能是由于受 2008 年国际金融危机的影响，之后世界各国为了缓解冲击采取了拉动内需的政策，纷纷加大了对新能源产业的支持力度，从而出现飞速发展的态势。从图中还可以观察到这些子技术类别的专利发展态势不一：2008 年前，除液流电池、燃料电池外，其他技术领域均处于小幅度波动状态；2008 年之后，这些技术领域基本呈现出小范围的上浮趋势，其中以风力发电、锂电池、太阳能光伏、液硫电池的波动较为剧烈。另外，2008 年国际金融危机之后，全球锂电池技术市场快速打开。与此同时，第一代燃料电池逐渐淡出人们的视野，取而代之的是储氢燃料技术。从专利波动幅度来看，燃料电池技术呈现先巨幅波动又巨幅下降的阶段性发展态势，锂电池技术和风力发电技术基本呈现出指数上升趋势，而太阳能光伏技术呈现先递增后递减的趋势，其余技术的变化较为平缓。

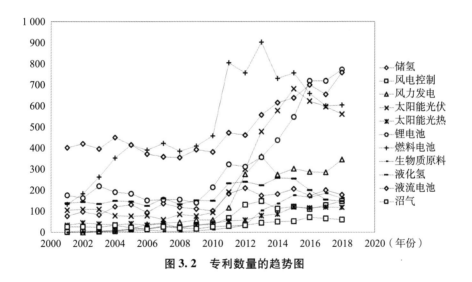

图 3.2　专利数量的趋势图

3.3.4　数据处理

（1）构建分析单元

本研究的分析单元为产业创新网络，采用专利权人之间的专利引用网络来表示。以任一技术领域为例，其构建步骤如下：

①确定网络节点。网络节点由专利权人表示，这是因为产业创新网络的核心主体是实施创新的技术主体，它反映为专利文件中的专利权人。通过审查检索到的专利文件，发现专利权人大多为拥有该专利的机构而非个人，而且专利权人存在一司多名的情况，如字母大小写或者缩写，以及有无公司后缀等。因此，在提取专利权人字段时，本研究做了消除歧义的处理，并用公司简称或前六个首字母来命名。例如，SANYO Electric Co.，Ltd 被命名为 SANYO，Matsushita Electric Industrial Co.，Ltd 被命名为 MATSUS。

接着，由于每个技术领域涉及的专利文件多，专利权人数量较大且持有的专利数量分布、引用关系不均，为了避免构建产业创新网络出现大量离散节点不利于研究开展，学者们采用两种方法来识别对产业发展较为重要的技术主体。一种是云等（Yun et al.，2019）[213]基于赫希曼指数的定义，用行业中专利绩效最高的 50 家公司的专利总体份额来代表整个产业的创新活力。另一种是金姆等（Kim et al.，2016）[201]、吕等（2017）[113]在构建专利引用网络时，选取各技术领域内专利持有量占该技术领域专利总量 0.25% 以上的专利权人，作为专利引用网络的节点。本研究采用后者的方法，来筛选专利权人作为网络节点。

②确定网络关系。网络关系用上述专利权人之间的专利引用关系和专利被引用关系来表示。如专利权人 A 持有的 i 个专利分别为 $Patent_{A1}$、$Patent_{A2}$…$Patent_{Ai}$，通过 Python 软件执行算法，去遍历每个专利文件的引用信息（referenced by），获取上述专利的引用专利，在进一步抽取专利权人字段信息的基础上，建立专利持有人之间的有向的非对称的专利引用关系。另外，专利的引用和被引频次被认为是关系的强度。然后，基于获得的节点和关系构建邻接矩阵。最终，得到本研究所需要的专利引用网络。

③确定网络的时间窗口。由于专利价值具有时效性，通常在授权的 3 年或者 5 年内得到较好的利用，因而以往文献大多采用三年或五年为

移动时间窗口构建创新网络。鉴于新能源产业处于发展阶段，技术更新迭代速度并非异常迅猛，因而借鉴官等（2015）[214]的观点，采用 5 年为移动时间窗口，来构建基于时间序列的专利引用网络。具体地，把某一技术领域主要专利权人从 t 时间窗口到 $t+4$ 时间窗口的专利引用网络，命名为第 $t+4$ 年网络。t 为滚动窗口，最终得到 2005 年至 2018 年的 14 个专利引用网络。

总体而言，本研究共计构建了覆盖 11 个技术领域的，时间跨度在 2005 年至 2018 年的 154 个（11×14）专利引用网络。

（2）识别技术群体

在本研究中，技术群体指具有相似技术源的技术主体通过知识、技术与资源的频繁交互形成的网络社群。可见，相似技术源和群体内部成员联系的紧密程度是区分群内外成员的关键。现有研究一般根据五种思想划分网络社群[215]：

①群体的内聚性。该方法直接采用群体的密度、模块度（modularity）反映。例如，西奇和塔塔尔诺维奇（2014）[61]采用 Girvan - Newman 提出的模块度办法来划分网络社群，该方法通过评估实际网络和具有相同规模、度分布的随机网络，在社群结构上的差异来识别网络社群。罗吉和党兴华（2016）[106]应用模块性指标 Girvan - Newman 算法，动态识别了中国风险投资机构网络的社群结构。魏龙和党兴华（2017）[65]应用 Blondel 快速压缩算法，对技术创新网络中的网络社群进行识别，当模块度大于等于 0.3 时，表示社群结构的现象较为强烈。

②群体中节点之间的距离，如 n - 派系或层次聚类法。派系的界定较为严谨，它在图论上指的是至少三个节点的最大完备子图。而在现实中，要保证派系内的所有成员都有直接联系很难实现。层次聚类法，根据节点间的距离，计算它们的相似性并分组生成聚类树。吉尔斯影等（2014）[72]通过 Ucinet 软件执行 N - clan 程序识别派系，该方法是寻找直径小于或等于 N 的成员构成群体。赵炎等（2016）[112]用派系过滤算法挖掘凝聚子群，剖析了中国汽车企业联盟网络的"抱团"现象。成泷等

(2017)[216]借鉴 N – clique 方法识别出中国电子信息产业技术创新网络中的凝聚子群，保证群体规模不少于 3 个主体。吕等（2017）[113]采用聚类分析方法，识别出 2004 ~ 2014 年智能手机领域的开放式创新网络中的技术群体分化现象。

③节点连接的平均节点数，如 k – 丛或 k – 核。k – 核的原理，是通过反复地移去那些度值小于 k 的节点以及与其连接的边，直到余下图中所有节点的度值都大于或等于 k 来得到。该方法与派系类似，对其拥有邻点的数量要求较为严格，不易实现。

④块模型（block models）。块模型通过一定的标准，将网络中的各个行动者分为几个块，然后对整个网络的结构信息进行判断。CONCOR 是最常用的块模型的操作化方法，该算法根据网络结构对等原则，迭代分析网络矩阵列向量的相关性直至收敛，从而识别群组。帕杜拉（2008）[70]采用 CONCOR 程序确认技术群体，并可视化出网络视角下的群体凝聚和群间联系拓扑图。李莉等（2020）[38]对新能源产业创新网络拓扑执行块模型分析，发现技术群体分化的态势。

本研究借鉴帕杜拉（2008）的观点，采用 CONCOR 算法来识别产业创新网络中的技术群体。首先，使用软件 Ucinet6. 204 对产业创新网络的非对称邻接矩阵，执行 CONCOR 算法（Network→Roles & Positions→Structural→CONOCR），设置最大切割深度为 3，收敛标准为 0. 200，最大迭代次数为 100 次，得到划分好的技术群体。其次，为了保证后续分析的有效性，对每个网络的群体划分的结果进行审查和清洗。清洗原则是剔除掉那些成员少于两个群体和群体数量少于 2 的网络。最终，合格样本为 138 个专利引用网络。

（3）相关计算

基于专利引用网络的非对称邻接矩阵，使用软件 Ucinet 6. 204 计算相关网络参数，并采用 NetDraw 工具绘制网络拓扑图，最后应用 SPSS 24. 0 对相关变量进行描述性统计、相关性分析及层次回归分析。

3.4 样 本 描 述

（1）样本信息

本研究构建了新能源11个技术领域的138个专利引用网络，每个技术领域内专利持有量大于0.25%的技术主体数在50个上下波动，最大节点数为67，最小为43。样本信息如表3.3所示。

表3.3 样本信息

技术类别	网络数量	节点数	平均群数	技术类别	网络数量	节点数	平均群数
太阳能光热	13	55	3	储氢	12	65	5
太阳能光伏	14	53	4	液氢	13	67	5
风电控制	11	46	4	锂电池	14	43	5
风力发电	12	45	4	液流电池	14	45	7
生物质能	7	51	3	燃料电池	14	57	6
沼气	14	49	5				

（2）样本拓扑分析：以锂电池技术为例

由于样本数量较多，本研究仅以锂电池技术为例进行网络拓扑分析，其余网络的分析方法与之一致。首先，根据2005～2018年的专利引用网络数据，借助Ucinet 6.204的Netdraw功能绘制出如图3.3所示的网络拓扑图。图中的点表示技术主体，边表示技术主体之间的专利引用关系。图中边的方向描绘了专利引用和专利被引方向，边的粗细刻画了专利引用频次。

从图3.3中观察可知，网络整体结构的复杂性越来越强，网络连通节点基本呈现逐年增多的趋势。2010年之前，锂电池技术的创新主体的数量并不多，而且彼此之间较少进行专利扩散；而2010年之后，技术主体的创新扩散速度加快，引用频次也出现了分化，网络连通结构变大。

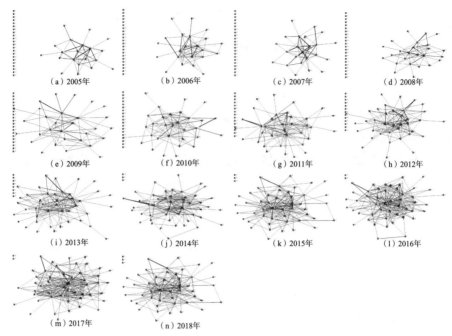

图 3.3 锂电池技术 2005～2018 年网络拓扑图

　　本研究对上述网络的结构性指标进行计算和描述性统计，如表 3.4 所示。从历年纵向数据来看，网络密度逐年递增，说明技术主体之间专利引用关系的复杂性和紧凑性越来越强；集聚系数在 2015 年达到峰值，随后略有降低，但整体保持着向上增长的态势，这说明网络局部凝聚成闭合三方组的概率向好；网络中心势呈现出"U"型演化趋势，说明在网络初期往往由一些核心成员主导而形成，但是随着外来成员的加入以及旧成员的退出，旧核心组织的网络中心地位缓慢受到削弱，而且网络也逐步演化出新的重要技术主体；节点关联性逐年增大至 2014 年，而后增长趋势放缓并且在 2015～2018 年保持稳定，说明网络演化基本进入稳定阶段；网络等级度较高但整体变化较为平缓，说明演化过程中网络初期形成的网络层级性未被颠覆。

表 3.4   网络结构指标的统计性描述

年份	网络密度	集聚系数	网络中心势	节点关联性	网络等级度
2005	0.031	0.400	0.081	0.155	0.933
2006	0.040	0.482	0.072	0.189	0.818
2007	0.049	0.680	0.077	0.207	0.744
2008	0.061	0.865	0.034	0.245	0.783
2009	0.071	0.849	0.039	0.355	0.741
2010	0.100	0.708	0.034	0.380	0.764
2011	0.191	1.457	0.039	0.486	0.831
2012	0.252	1.657	0.045	0.544	0.849
2013	0.309	2.136	0.041	0.703	0.850
2014	0.376	2.523	0.039	0.882	0.888
2015	0.457	2.901	0.040	0.882	0.873
2016	0.511	2.757	0.057	0.921	0.810
2017	0.527	2.702	0.054	0.921	0.785
2018	0.568	2.776	0.061	0.921	0.749

　　本研究对上述网络的核心成员进行描述，具体办法是计算历年网络中节点的度中心性、中间中心性、接近中心性，并依次排序，选取排名在前5的技术主体进行展示，如表3.5所示。2005～2010年，CANON（佳能）、UCHICA（芝加哥大学阿贡）、SUMITO（住友化学）、MITSUB（三菱化学）、VALENC（Valence技术）一直占据核心的网络位置，拥有较多的网络关系，成为协调网络演化的关键组织；而2011年，除了CANON（佳能株式会社）依旧占据核心，其他成员被新成员取而代之，分别是SAMSDI（三星SDI）、SONY（索尼）、MATSUS（松下）、TOSHI-BA（东芝），其中SAMSDI（三星SDI）、SONY（索尼）在随后几年基本稳固地占据着锂电池技术领域的龙头地位；2012～2015年LGCHEM（LG化学）取代了TOSHIBA（东芝）成为网络的核心节点之一；2016年WILSON（威尔逊Greatbatch）、MEDTRO（美敦力公司）打破了原先

的局势，也占据了较为核心的网络位置；2017～2018 年 LGCHEM（LG 化学）和 TOSHIBA（东芝）几经沉浮，又重新回到网络中心圈层之中。

表 3.5 　　　　　　　　网络核心组织

年份	核心成员
2005～2010	CANON、UCHICA、SUMITO、MITSUB、VALENC
2011	SAMSDI、SONY、MATSUS、CANON、TOSHIBA
2012～2015	SAMSDI、SONY、CANON、LGCHEM、MATSUS
2016	SAMSDI、SONY、WILSON、MEDTRO、CANON
2017～2018	SAMSDI、SONY、LGCHEM、MATSUS、TOSHIBA

注：CANON（佳能）、SONY（索尼）、UCHICA（芝加哥大学阿贡）、SUMITO（住友化学）、MITSUB（三菱化学）、VALENC（Valence 技术）、SAMSDI（三星 SDI）、MATSUS（松下）、LGCHEM（LG 化学）、WILSON（威尔逊 Greatbatch）、MEDTRO（美敦力公司）、TOSHIBA（东芝）。

（3）技术群体分析

本研究以 2017 年的锂电池技术专利引用网络为例，借助 Uci-net6.204 软件的 CONCOR 程序进行群体划分，得到如表 3.6 所示群体密度矩阵表，拟合优度为 0.225。

表 3.6 　　　　　　　　密度矩阵

	Cluster1	Cluster2	Cluster3	Cluster4	Cluster5	Cluster6	Cluster7
Cluster1	0.556	0.074	0.063	0.037	0.000	0.067	0.014
Cluster2	0.000	0.267	0.012	0.000	0.054	0.033	0.000
Cluster3	0.111	0.036	0.491	0.000	0.000	0.086	0.018
Cluster4	0.037	0.000	0.012	0.292	0.000	0.000	0.000
Cluster5	0.000	0.000	0.000	0.000	0.165	0.000	0.000
Cluster6	0.028	0.000	0.030	0.100	0.000	0.400	0.125
Cluster7	0.063	0.082	0.055	0.000	0.063	0.150	0.175

注：R-squared = 0.225。

　　根据得到的分块表，在网络拓扑图中将不同的群体采用不同的颜色进行标注区分，如图 3.4 所示。从图中可以得到以下信息：首先，2017年的锂电池技术专利引用网络共计演化出 7 个技术群体。规模最大的群体为#Cluster 1，它由 14 个成员组成，占据群体中心位置的是 SAMSDI（三星 SDI）；而规模最小的群体为#Cluster 7，仅由 3 个成员构成。

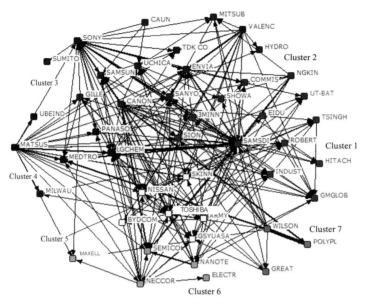

图 3.4　锂电池技术 2017 年网络的技术群体

　　其次，为了观测每个技术群体的核心组织，本研究以技术群体为单位在 Ucinet6.204 软件中执行 Hub analysis 计算各个节点的度数中心性。如表 3.7 所示，SAMSDI（三星 SDI）、VALENC（Valence 技术）、SONY（索尼）、MATSUS（松下）、TOSHIBA（东芝）、NECCOR（日本电气）和 WILSON（威尔逊 Greatbatch）在技术群体#1 至#7 中占据中心位置，这意味着他们在群体中具有较强的关系能力，甚至发挥着领导者角色。

表 3.7   2017 年窗口期锂电池技术群体的属性

编号	群体规模	群体核心组织	度数中心性	群体中间人	中介中心性
1	14	SAMSDI	38	SAMSDI, SION	22.812, 1.683
2	7	VALENC	15	VALE, ENVIA	2.826, 1.731
3	7	SONY	26	SONY, CANON	11.602, 7.68
4	6	MATSUS	25	LGCHEM	3.476
5	6	TOSHIBA	21	TOSHIBA, NISSAN	4.115, 1.287
6	5	NECCOR	16	NECCOR	5.697
7	3	WILSON	12	WILSON	2.549

注：CANON（佳能）、SONY（索尼公司）、VALENC（Valence 技术）、ENVIA（Envia）、SION（Sion 电力）、LGCHEM（LG 化学）、WILSON（威尔逊 Greatbatch）、MATSUS（松下）、TOSHIBA（东芝）、NISSAN（日产汽车）、NECCOR（日本电气）。

最后，为了检验中间人角色，本研究还以技术群体为单位执行 Broker analysis 来度量节点的中介中心性。如表 3.7 所示，结果发现参与者为#Cluster 1 的 SAMSDI（三星 SDI）和 SION（Sion 电力）、#Cluster 2 的 VALENC（Valence 技术）和 ENVIA（Envia）、#Cluster 3 的 SONY（索尼）和 CANON（佳能株式会社）、#Cluster 4 的 LGCHEM（LG 化学）、#Cluster 5 的 TOSHIBA（东芝）和 NISSAN（日产汽车）、#Cluster 6 的 NECCOR（日本电气）和#Cluster 7 的 WILSON（威尔逊 Greatbatch），分别在占据着经纪人的位置，控制和协调群体内部的知识流动。

3.5 本章小结

本章在文献综述的基础上，依据网络动态理论和网络层级研究，构建了"技术群体的耦合动因及其与产业创新网络抗毁性的关系"研究框架。框架中的第一部分是"动态群体行为→技术群体耦合"，即群体成员变动和成员跨群流动作用于技术群体关系耦合和知识耦合的驱动机制。第二部分是"技术群体耦合→产业创新网络抗毁性"，即技术群体关系耦合与知识耦合影响产业创新网络结构抗毁性和功能抗毁性的作用机制。具体进行了以下探究：技术群体关系耦合、集聚结构与产业创新网络抗毁性的中介关系研究；技术群体知识耦合、结构同质性与产业创新网络抗毁性的中介关系研究。接着，本章选取了新能源产业作为样本，并详细描述了样本来源、数据获取和处理等一系列操作化步骤。最后，以新能源产业中的锂电池技术为例，进行专利引用网络的整体网拓扑分析和技术群体分析。

4 技术群体耦合的动因研究：微观成员动态群体行为的视角

4.1 问题提出

以往研究从伙伴属性因素、网络因素、知识/技术属性因素和情境因素等方面，探索了技术群体耦合的动因，但均是在静态视角下开展，忽略了创新网络与技术群体的动态属性。产业创新网络是一个开放的、持续动态演化的系统，往复地进行着各类成员的进入和退出，以及成员间关系的组建和断裂活动。与之类似，网络中的微观技术主体也在技术群体的边界内外发生着进入和退出网络的动态行为，此种行为必然影响到技术群体的结构及相互间的交互活动。因此，从动态视角下开展技术群体耦合的动因研究非常有必要。

网络动态理论指出，网络外的技术主体可以加入产业创新网络中，同时网络内的技术主体也可能会由于多种原因，逐渐断开与其他技术主体的关系而退出网络。[15]西奇和塔塔尔诺维奇（2014）[61]首次提出，网络社群的动态组织特征包括两种典型行为：群体成员变动和成员跨群流动。其中，群体成员变动实现了群内成员更替和群内资源的更新，不仅能促进对成员间知识库的了解，还能改善固化的群体惯例，激发技术主体的创新活力，影响技术群体之间的耦合活动。成员跨群流动，通过成员跨越群体边界的行为，直接扩展了所接触的伙伴范围和技术资源种类，为实施技术群体的耦合活动提供了必要条件。因此，本研究认为，两种微观成员的动态群体行为具体体现为群体成员变动和成员跨群流动，共同驱动网络中技术群体的关系耦合与知识耦合。

此外，由于技术群体是由具有相似源的技术主体凝聚而成，因而在产业创新网络中不同技术群体之间存在着异质的资源。根据资源基础理论，对外部异质资源的渴求会促使成员实施跨群活动，从而可能影响技术群体之间的耦合程度。另外，由于技术群体所占据的网络位置不同，亦不同程度地掌握和控制着网络中资源的流转，这意味着技术主体在实施动态群体行为的过程中，进行技术群体间关系搭建和知识转移的难度会有所不同。因此，本研究认为，群间所具有的技术异质性程度，以及网络位置的差异性程度，可能是控制两种动态群体行为影响技术群体耦合程度的关键闸口，很有必要作为情境因素纳入研究。

因此，本章节旨在解决以下三个问题：①群体成员变动、成员跨群流动与技术群体关系耦合的作用关系；②群体成员变动、成员跨群流动与技术群体知识耦合的作用关系；③群间技术异质性和群间位置非对称性在上述关系中的作用。

4.2 研究假设与关系模型

（1）微观成员的动态群体行为

创新网络的技术群体通常具有相对稳定的结构，但并不意味着一成不变。[106]这是因为要形成稳固的、持久的和互惠性的群内紧密关系并非短期可以实现，需要一定时间的了解和信任关系的建立。根据关系嵌入理论，群内紧密关系的长期持续，会带来知识同质性和冗余性，难以满足群内技术主体实施创新活动的需要，尤其是开展探索式创新活动所需要的异质资源需求。根据网络节点进退机制，技术群体的成员会随着网络演化进程和自身的创新需求，实时判断所属群体能否持续有利于其创新活动；如果不能，则会触发成员实施跨群变动行为的动机。学界对微观成员动态群体行为对组织影响的研究，主要分为两派观点[217]：一派观点认为，成员变动能够为团队带来"新鲜血液"，提供了提升绩效的可能性；另一派观点认为，团队成员变动会引发负面的不稳定性，但根据地位特征理论，核心角色的变动极易打破原有的团队平衡。

西奇和塔塔尔诺维奇（2014）[61]提出，创新网络社群具有群体成员变动和成员跨群流动两种动态属性。吴红红（2016）[218]根据动向的不同，界定了产业技术创新战略联盟的成员变动类型，包括完全退出联盟、与产业内其他联盟成员合作、与本联盟成员开展二度合作三种。魏龙和党兴华（2017）[65]认为，技术创新网络中社群动态行为包括社群成员变动和组织跨社群运动两种。其中，社群成员变动采用连续时刻（从 t 到 $t+1$），同一社群内部成员的变动比率来衡量，组织跨社群运动指技术主体从进入创新网络到当前时刻的社群归属数量。施国平等（2019）[190]研究了风险投资网络中社群成员变动行为，并将其界定为两个不同时间窗口下（从 t 到 $t+1$）同一网络社群的成员差异比率。王和杨（2019）[219]发现，合作联盟网络中动态社群属性包括群内成员变动和群间成员迁移两种行为，其中，群内成员变动指某一网络在相邻两个时间窗口期（从 t 到 $t+1$）社群内成员动态变化的程度，群间成员迁移指焦点组织的跨社群边界的迁移活动。刘娜等（2020）[220]将社群结构动态定义为，社群成员变动和社群经纪人稳定两个维度。其中，社群成员变动采用社群内部的成员更替程度来表示，社群经纪人稳定反映某社群在相邻两个时间窗口期（从 t 到 $t+1$）网络中社群经纪人的保留比率。

另外，在文献回顾中已经发现，创新网络中的技术群体持续进行着组建、扩张、合并、分裂、萎缩、衰亡等动态变化，这些形态变化离不开微观技术主体跨群活动的驱动。具体地，就连续两个时间窗口期（从 t 到 $t+1$）的同一个群体进行对比，当入群与退群的成员数目的净差值大于零时，说明网络中重新建立了新的技术群体；当入群与退群的成员数目的净差值等于零时，表明该技术群体解散；当至少有 1/3 以上的成员重新组合为新群体时，表明网络出现了技术群体的分裂，反之，出现了技术群体的合并。[114]综上所述，本研究认为，微观成员的动态群体行为包括群体成员变动和成员跨群流动两种。其中，群体成员变动是连续两个时间窗口期下（从 t 到 $t+1$）产业创新网络中所有技术群体的平均成员更替比率，成员跨群流动是产业创新网络演化中成员跨越或曾归属过的技术群体的平均数量。

（2）群间技术异质性

技术群体的涌现，将整个产业创新网络分割成多个不重叠的子群，技术主体及其所掌握的资源也被分配到了不同群体之中。因而，群体内部成员具有较高的技术相似性，而不同群体之间的技术存在差异性或异质性。群内技术相似性在发挥其优势的同时也有着不可避免的弊端。那些掌握相似技术、知识和创新资源的主体通过紧密的交互凝聚在一起，使群内成员建立了信任和共同规范[221]，从而有利于隐性知识的交换、整合和利用。然而，这种频繁交互也存在着阴暗面，即群内成员的资源池可能会越来越多地重叠和趋同化，在群内找寻到适合的、具有非冗余知识的伙伴的可能性下降，致使群内主体间开展探索式学习和创新的机会减少。[222]因此，如果技术主体倾向与具有非重叠知识的成员合作，他们将跨越自身所处的群体边界，开展群间知识共享和转移。组织层面的技术异质性指技术主体自身所拥有的不同技术的种类[223]，但本研究重点关注的是群间技术异质性，指技术群体之间所掌握知识技术分布特征的差异程度，体现了彼此的合作意愿与吸引力。

（3）群间位置非对称性

网络位置，是技术主体在创新网络关系构建过程中所处的位置，它影响着技术主体从网络中识别、获取和利用知识的机会。[77]社会资本理论认为，网络成员占据的网络位置实际上代表着其拥有的社会资本，对获取竞争优势具有重大影响。现有研究通常采用网络中心性程度和占据结构洞的丰富程度，来衡量网络位置的高低[224]，相关文献聚焦在网络位置与知识搜索、资源获取、创新能力、创新投入、网络惯例等的作用关系上。此外，也有不少文献将网络位置作为一种网络情境或中介因素，探究其在企业创新活动中发挥的不同效用。网络位置高低程度的差异，代表着该位置上的组织在网络中拥有的不同话语权：高位势的组织占据有利的网络位置，因而，不仅具有良好的声誉、相对特权，更具有信息优势与控制优势，而低位势的组织则相反。[225]例如，蔻卡（Koka et al.，2008）[226]认为，处于卓越网络位置的企业，更容易进行网络中高价值知识和信息的挖掘、控制和使用。对本研究来说，技术主体的动态群体行为是一种跨越不同群体之间的活动，因而群体间位置差异性构成了其网络情境。魏龙和党兴华（2017）[65]在探索群体成员变动和成员跨群流动对双元创新的作用关系时，也将组织的位置非对称作为情境因素，并且占据中心位置的组织具有信息获取和资源控制优势，而占据边缘位置的组织则需要依附中心组织提高自身地位。因此，本研究认为，在研究微观成员的动态群体行为与技术群体耦合的关系中，需要考虑群间位置非对称性的作用。群间位置非对称，关注的是技术群体所处网络中介位置的差异程度，侧重技术群体对网络中知识、技术等资源的流动情况的协调与控制能力。[65]

4.2.1 群体成员变动与技术群体的关系耦合

技术群体的成员通过在不同群体之间频繁进入和退出，影响着群间关系建立的机会空间。当技术群体的成员实施跨群变动的规模增加时，表示技术群体有更大的机会接触群外成员，而这些成员往往具有与本群体成员不同或者互补的知识基础，因而扩充了成员跨越群体获取异质性知识的机会空间。但是，随着群体成员构成的剧烈变动，群内成员不停地更新，其关系模式也随之持续改变。并且，会导致一些旧群体内部成员之间的信任、合作惯例面临着崩塌的风险[65]，原本的知识共享机制极有可能失效，机会主义行为也可能盛行，从而导致原有群体难以为继，出现分裂或解体。[227]然而，重新建立起稳固和紧密的关系需要花费较多的精力，为了获取更加稳定的群体结构，会进一步刺激群体之间开展试错性交互。因此，群体成员变动会促进技术群体关系耦合的程度。据此，提出假设1：

H1：群体成员变动正向影响技术群体关系耦合的程度。

4.2.2　成员跨群流动与技术群体的关系耦合

成员跨群流动表示，技术主体随着产业创新网络的演进和自身创新需求、目的，持续"穿梭"在不同的群体之中。这种跨群波动性，有益于该主体广泛接触具有异质性知识的网络成员，而且，成员跨群行为的实施可能为该技术主体归属的新旧群体之间架构桥接路径。由于技术群体具有一定的稳定性，因而技术主体在归属原有群体期间，已经与群内成员有着较为熟悉和亲密的伙伴关系，并进行较为深入的知识共享。可以推测，在某一技术主体离开旧群体后，它与原群体成员之间的关系在短期内并不会出现明显衰减。因此，这在一定程度上促进了网络中技术群体的关系耦合程度。但是，长期下去，该关系会逐渐断裂，因为维持该关系的两端伙伴之间的共同知识基础越来越匮乏、认知结构也越来越不同。取而代之的是，该技术主体与新伙伴之间的关联路径。此外，由于成员频繁跨越多个群体，打破了旧群体的稳定性，这将不利于技术群体建立共同遵守的社会规范、信任机制和协作惯例，但却迫使群体之间突破组织惰性通过发生关系耦合，以寻求稳定的社群结构。因此，成员跨群流动会促进技术群体关系耦合的程度。据此，提出假设2：

H2：成员跨群流动正向影响技术群体关系耦合的程度。

4.2.3　群体成员变动与技术群体的知识耦合

技术群体可以被视为具有特定知识资源的技术主体的集合。技术群体的成员频繁发生更替，不仅改变了群内成员构成变动，也更新了群内的资源池。[61]因而，群体成员变动会影响技术群体之间实施知识耦合的意愿和程度。根据知识流动的相关研究，组织间关系往往是知识流动的"管道"，因此群体成员变动实质上也是知识、资源随成员跨群体边界的流入与溢出。[152]由于技术群体内部成员具有较高的凝聚性，密切的群内交互活动使群内知识变得相似和冗余，易产生"排外效应"。[104]而群体成员实施跨群体边界的变动则有助于群外异质知识资源的流入，避免了群内资源同质化的倾向，从而刺激了群内成员的创新活力[103]，会更踊跃地实现跨群体边界的知识整合。另外，针对群体成员剧烈变动新分化的技术群体，其成员构成往往来自其他群体成员的迁移，因此这种技术群体边界的重新洗牌在短期内，并不能轻易损坏该群体成员与网络中其他群体间的知识流动程度[71]，因而重新分化出的技术群体与其他群体间知识流耦合也会得到增长。据此，提出假设3：

H3：群体成员变动正向影响技术群体知识耦合的程度。

4.2.4 成员跨群流动与技术群体的知识耦合

首先，成员跨群流动意味着技术主体可以更为广泛地涉猎网络中不同技术群体的异质资源库，并通过识别和匹配具有兼容性的资源，为新旧群体之间的伙伴搭建桥接的路径，从而有助于开展跨群知识耦合活动。其次，流动的技术主体通过将其接触到的新颖知识带入新群体，可以打破原有群体内部熟悉伙伴之间交互带来的路径依赖和知识锁定，避免了群体知识同构和冗余。[66]而且，新颖知识的流入与原群体内部的旧知识会发生整合、消化和吸收，从而促进了技术群体知识耦合的程度。但是，过度的跨群成员流动会扰乱群体成员合作的连续性和稳定性，从而加大合作创新的成本与风险，使得组织学习难以在动荡的环境下有效开展。[65]可见，成员跨群流动虽然为获取和吸收新的技术知识提供了一条有效途径，但要以牺牲效率和提高治理风险为代价。[72]不过，通过回顾成员跨群流动的动机可以发现，跨群流动往往是技术主体为了寻找互补资源而实施的行为，因而当花费较多精力去搜寻和匹配伙伴实现知识耦合的成本高于收益时，成员跨群流动将不再具有吸引力。据此，提出假设4：

H4：成员跨群流动正向影响技术群体知识耦合的程度。

4.2.5　群间技术异质性的调节效应

本研究预计，群间技术异质性在群体成员变动与技术群体关系耦合的影响关系中起正向调节作用。根据资源基础观，较高的群间技术异质性，表明跨越不同技术群体边界的成员所拥有的资源，相对群内而言更为稀缺、新颖和有价值，这对长期共享冗余知识库的群内成员而言具有很大的吸引力。来自不同技术群体的成员之间的异质性资源的整合重组，既能打破网络中的群体壁垒和资源割裂现状，又能避免群体内部冗余性资源的重复投入和浪费。群体成员变动是技术主体有意识地超越当前知识库，实施的一种跨群体边界搜索和知识转移的行为[228]，因此为了满足自身技术多元化以及强化技术利用或开发的需求，群间技术异质性进一步刺激了成员进入和退出群体边界开展变动活动，从而促成更多的群间关系耦合。

本研究预计，群间技术异质性在成员跨群流动与技术群体知识耦合的影响关系中起正向调节作用。作为有限理性的主体，技术主体通常寻找那些拥有知识多样性且互补的合作伙伴，从而为知识转移的可能性和提升创新的机会。群间技术异质性增加了技术主体探索新知识组合与新颖解决方案的潜在可能，为成员跨群流动实现群间知识流耦合提供了充足的动力。当群间技术异质性程度较高时，由于群内成员的技术路径依赖效应和群间共同知识基础的匮乏，群体之间需要开展较为频繁的成员流动来获取和转移异质知识，以实现新知识的创造。[152]否则，仅在技术群体之间开展较低规模或频次的成员流动，难以突破原资源禀赋和旧合作惯例的束缚，无法摆脱群内知识闭锁的局面。而且，随着迁移到新技术群体的成员所携带的异质知识逐步被内化和吸收，群体之间会展开下一轮的跨群体知识流耦合。[65]据此，提出假设5a和5b：

H5a：群间技术异质性正向调节群体成员变动与技术群体关系耦合的影响关系。

H5b：群间技术异质性正向调节成员跨群流动与技术群体知识耦合的影响关系。

4.2.6　群间位置非对称性的调节效应

本研究预计，群间位置非对称性在群体成员变动与技术群体知识耦合的影响关系中起正向调节作用。占据网络中介位置表明技术群体拥有更多接触新颖性知识的机会，与非对称位置上的技术群体之间进行成员变动更能避免群体知识的冗余、陈旧和僵化，从而提升群体之间进行知识共享和交流的活力，在一定程度上克服了跨群体成员之间的信任缺乏，从而促进知识耦合活动的发生。斯蒂尔（Still et al.，2009）[229]指出，相似网络位置上的主体之间开展学习的积极性不高，因为极有可能降低当下的网络位置，而非对称位置上的耦合活动更有益。而且，占据不同网络位置的群体所掌握的知识库不同，能迅速扩大成员变动过程中所接触的知识范围，大大减少搜索具有互补性资源网络成员的成本，从而有助于知识流耦合的发生。

本研究预计，群间位置非对称性在成员跨群流动与技术群体关系耦合的影响关系中起正向调节作用。占据较为中介性位置的技术群体在网络中扮演着经纪人的角色，其他位置上的群体之间建立联系需要借助它才能实现，同时掌握着网络中的异质性资源流通的枢纽，能增强其他技术群体对该群体的依赖性。首先，成员通过在群体之间流动可以将高中介位置群体中的非冗余、新颖资源携带至低中介位置群体中，并有利于构建不同位置群体之间的交互渠道。其次，为了增强声誉实现更高水平的创新，技术群体实现网络位置向上跃迁的动力[230]驱使着群内成员通过群体成员变动来建立更多的群间联系。据此，提出假设 6a 和 6b：

H6a：群间位置非对称性正向调节群体成员变动与技术群体知识耦合的影响关系。

H6b：群间位置非对称性正向调节成员跨群流动与技术群体关系耦合的影响关系。

本研究框架如图 4.1 所示，共计 8 个研究假设。其中，自变量包括群体成员变动、成员跨群流动，因变量包括技术群体关系耦合、技术群体知识耦合，调节变量包括群间技术异质性和群间位置非对称性。

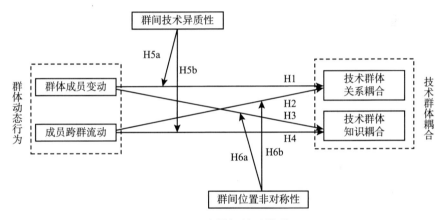

图 4.1　变量间关系模型

4.3　变量测量

4.3.1　被解释变量

（1）技术群体的关系耦合

技术群体的关系耦合（*intergroup relationship coupling*，*IRC*）表示技

术群体之间关系联结的紧密程度。借鉴先前研究[38,161,191]的测量办法，本文采用不同技术群体的主体之间进行专利引用频次与专利被引频次的和，来测度产业创新网络中的技术群体之间的关系耦合度。计算公式为：

$$Intergroup\_relationship\ coupling = \sum_{i,j=1}^{n} (FR_{ij} + BR_{ij})_{i \neq j} \quad (4.1)$$

式中，FR_{ij}和BR_{ij}分别表示技术群体i与j内的专利权人之间的前向专利引用频次和后向专利被引频次，n为技术群体数。

（2）技术群体的知识耦合

技术群体的知识耦合（intergroup knowledge coupling，IKC）表示技术群体的知识元素之间进行交流的程度。借鉴以往研究[178,181]的测量办法，技术主体所引用的授权专利数量体现了知识流入，而技术主体被引用的授权专利数量体现了知识溢出。因此，把技术群体视为多个技术主体持有的专利集合来看，产业创新网络中技术群体的知识耦合可以用技术群体之间的引用专利数量和被引专利数量之和来测度。计算公式如下：

$$Intergroup\_knowledge\ coupling = \sum_{i,j=1}^{n} (FTP_{ij} + BTP_{ij})_{i \neq j} \quad (4.2)$$

式中，FTP_{ij}和BTP_{ij}分别表示技术群体i与j内的专利权人之间的前向引用专利总量和后向被引专利总量，n为技术群体数。

4.3.2　解释变量

（1）群体成员变动

群体成员变动（group membership turnover，GMT）指的是连续两个时间窗口期的产业创新网络内同一技术群体的成员变化率。借鉴以往研究[61,65,190,219]，技术群体成员变动采用1－技术群体成员的重叠比例进行计算。每个产业创新网络的成员变动采用所有技术群体的平均成员变动比率来表示。计算公式如下：

$$Group\_membership\ turnover = \sum_{i=1}^{n}\left[1 - \frac{OTC_{i,t-1\cap t}}{ATC_{i,t-1\cup t}}\right]\Big/n \qquad (4.3)$$

式中，$OTC_{i,t-1\cap t} = TC_{i,t-1} \cap TC_{i,t}$ 为连续两个时间窗口 $t-1$ 与 t 的产业创新网络中同一技术群体的成员重叠数量；$ATC_{i,t-1\cup t} = TC_{i,t-1} \cup TC_{i,t}$ 为连续两个时间窗口 $t-1$ 与 t 的产业创新网络中同一技术群体出现的所有成员的数量；n 为技术群体数。追踪不同时间窗口下产业创新网络的技术群体的方法如下，当重叠比率不小于 0.3 时，认定为连续两个时间窗口期的同一技术群体；当重叠率小于 0.3 时，意味着旧技术群体的解散或分裂为两个及以上的新群体，前者的成员变动比率记为 1，后者需识别新组建群体成员重叠率不小于 0.3 的数量计算变动比率。

（2）成员跨群流动

借鉴以往研究[61,65,190,219]，成员跨群流动（group membership movement，GMM）采用技术主体从进入创新网络到当前时刻所归属的技术群体的数量进行测量，并随后在整个创新网络层面计算其均值。计算公式如下：

$$Group\_membership\ movement = \sum_{t=0}^{t-1} S_{it}\Big/M \qquad (4.4)$$

式中，$S_{it} = \begin{cases} 0, & i \notin G_{jt} \\ 1, & i \in G_{jt} \end{cases}$，表示技术主体 i 在第 t 窗口期的群体归属状态，若属于技术群体 j 则记为 1，反之则为 0；M 为网络规模。

4.3.3 调节变量

（1）群间技术异质性

群间技术异质性（intergroup technological heterogeneity，ITH）指产业创新网络中技术群体之间所掌握知识技术差异程度的均值。借鉴桑普森（Sampson et al.，2007）[231] 的研究，采用专利技术类别的差异程度进行测量。根据 USPTO 数据库识别出专利引用网络中主要专利权人持有专利的国际 IPC 分类号，结合专利权人的技术群体归属，得出每个技术群体所掌握的专利技术种类，进一步计算产业创新网络中技术群体之间的技术异质性。计算公式如下：

$$Intergroup\_technological\ heterogeneity = \sum_{i,j=1}^{n} \left[1 - \frac{F_i F_j'}{\sqrt{F_i F_j'(F_i F_j')}} \right] \bigg/ n$$

$$(4.5)$$

式中，$F_i = (F_i^1, \cdots, F_i^s)$ 和 $F_j = (F_j^1, \cdots, F_j^s)$，$F_i^s$ 和 F_j^s 表示技术群体 i 和 j 持有专利中涉及第 s 类的专利总数，n 为技术群体数。

（2）群间位置非对称性

群间位置非对称性（intergroup position asymmetry，IPA）表示两个技术群体所处资源控制位置的差异程度。借鉴魏龙和党兴华（2017）[65]的办法，采用群体的中介中心性的差值的平均值来测量。计算公式如下：

$$Intergroup\_position\ asymmetry = \sum_{i,j=1}^{n} (BC_i - BC_j)/n \qquad (4.6)$$

式中，BC_i 和 BC_j 表示技术群体 i 和 j 的中介中心性，n 为技术群体数。

4.3.4　控制变量

（1）网络规模

网络规模（network size，NS）指的是产业创新网络所包含的技术主体的数目。网络动态演化过程中的规模，可能会直接影响群体成员的构成进而对技术群体耦合产生影响[78]，因此需要对其进行控制。

（2）网络聚类系数

聚类系数（network clustering coefficient，NCC）通过衡量网络中所有节点的平均聚类系数来度量网络的聚类化。较高的聚类系数，表明网络中结构洞的数量不充分，网络结构的冗余度较大。聚类系数被认为是一种有效的衡量网络小团体性（cliqueness）的方法，代表着产业创新网络中技术群体分化的可能性[105]，因而需要控制。计算公式如下：

$$Network\_clustering\ coefficient = \frac{3 \sum \tau_\Delta}{\sum \tau} \qquad (4.7)$$

式中，$\sum \tau_\Delta$ 表示网络中所有闭合三方组的数目，$\sum \tau$ 为所有关联三方组的数目。

（3）群内凝聚性

群内凝聚性（*group cohesiveness*，*GC*）表示技术群体内部成员联系的紧密性，采用每个产业创新网络的平均群内密度测量。技术群体内部较高的凝聚性说明群内主体之间知识、技术和资源的转移与流动较为频繁[192]，对群体成员实施成员变动和跨群流动的意愿具有一定的影响。其计算公式如下：

$$Group\_cohesiveness = \sum_{i=1}^{n} \frac{l_i}{m_i(m_i - 1)} \Big/ n \tag{4.8}$$

式中，m_i 为技术群体 i 的规模，l_i 为该群体内部的实际关系数。

4.4　网络拓扑分析

为了观察微观技术主体的动态群体特征，本节以燃料电池领域 2005～2018 年的产业创新网络为例，进行社会网络分析，其余技术领域的分析方法相同。

首先应用 Netdraw 工具，绘制出网络拓扑图，然后应用 CONCOR 程序划分技术群体，得到如图 4.2 所示的网络拓扑图。为了便于观察动态群体行为，本研究将图 4.2 中的节点进行编号，并在具体分析中给出其简称。图 4.2 中，同一形状的技术主体归属为一个技术群体，不同形状代表不同的群体，有向连线的粗细程度代表这些技术群体之间的专利引用频次和专利被引频次。以 2005 年为初始对比窗口，依次滚动与下一期 $(t+1)$ 时间窗口的产业创新网络中对应的技术群体进行比较，来追踪成员的动态群体行为。本研究从不同的网络层级视角出发，观察网络拓扑图可以得到以下信息：

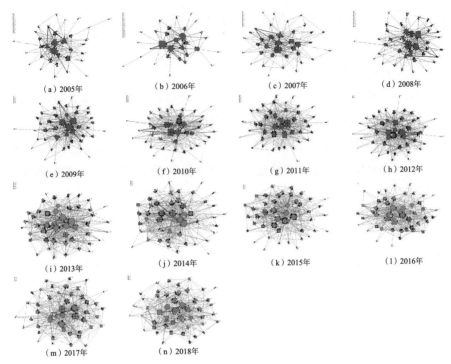

(a) 2005年　　　　(b) 2006年　　　　(c) 2007年　　　　(d) 2008年

(e) 2009年　　　　(f) 2010年　　　　(g) 2011年　　　　(h) 2012年

(i) 2013年　　　　(j) 2014年　　　　(k) 2015年　　　　(l) 2016年

(m) 2017年　　　　(n) 2018年

图4.2　燃料电池的专利引用网络拓扑图

①微观层面，技术主体随着产业创新网络的演进持续发生动态迁移，表现为群体成员变动和成员跨群流动两种形式。

首先，以某一群体为例，可以明显关注到它的构成成员进行着频繁的进入或退出，即群体成员变动现象。为了便于观察，追踪编号为47（ROBRET，罗伯特·博世）的网络成员（该节点有较大的度中心性）所归属的技术群体发现，成员构成存在明显的动态变化趋势。2010～2011年，该群体出现较多的成员进入，包括 HONDA（本田汽车）、SAMSDI（三星 SDI）、NISSAN（日产汽车）、MATSUS（松下）；而 2011～2012年，该群体出现较多的成员退出，包括 TOYOTA（丰田汽车）、HONDA（本田汽车）、SAMSDI（三星 SDI）、ASAHI（旭硝子玻璃）、NISSAN（日产汽车）、MATSUS（松下）。从成员稳定的角度来看，成员 SUZUKI（铃木汽车）在整个可观测到的窗口期内持续稳定位于该群体中；成员

CANON（佳能）只在 2011 年和 2018 年退出群体，其余窗口期均稳定在
该群体；SOCBIC（法国比克）在 2011 年和 2012 年分别退出和进入群
体，其余窗口期均稳定在该群体中。具体信息如表 4.1 所示。

表 4.1 微观层面下群体成员变动

t	t+1	含#47 ROBERT 的群体成员	进群成员	退群成员
2005 年	2006 年	ROBRET、HPDCLP、INTERN、CANON、SUZUKI	—	—
2006 年	2007 年	TOYOTA、SUZUKI、CANON、ROBRET、FORDGL、SOCBIC、INDUST	TOYOTA、FORDGL、SOCBIC	HPDCLP、INTERN
2007 年	2008 年	SOCBIC、INTERN、HPDCLP、ROBRET、CANON、INDUST、SUZUKI	HPDCLP	TOYOTA、FORDGL
2008 年	2009 年	HPDCLP、ASAHI、SOCBIC、ROBRET、SUZUKI、CANON、INTERN、INDUST	ASAHI	—
2009 年	2010 年	TOYOTA、SUZUKI、CANON、ASAHI、SOCBIC、INDUST、ROBRET、	TOYOTA	INTERN
2010 年	2011 年	TOYOTA、HONDA、SAMSDI、ASAHI、NISSAN、ROBRET、MATSUS、SUZUKI	HONDA、SAMSDI、NISSAN、MATSUS	CANON、SOCBIC、INDUST
2011 年	2012 年	ROBRET、SOCBIC、CANON、INDUST、SUZUKI	SOCBIC、CANON、INDUST	TOYOTA、HONDA、SAMSDI、ASAHI、NISSAN、MATSUS
2012 年	2013 年	ASAHI、SOCBIC、CANON、NDUST、ROBRET、SUZUKI	ASAHI	—
2013 年	2014 年	CANON、ASAHI、SUZUKI、SOCBIC、INDUST、ROBERT、INTERN	INTERN	—
2014 年	2015 年	ASAHI、IDATEC、SOCBIC、SUZUKI、CANON、ROBERT、INDUST	IDATEC	INTERN
2015 年	2016 年	TOYOTA、SUZUKI、CANON、ASAHI、INDUST、AISIN、ROBERT、SOCBIC	TOYOTA、AISIN	IDATEC

t	$t+1$	含#47 ROBERT 的群体成员	进群成员	退群成员
2016年	2017年	ASAHI、CANON、SOCBIC、SUZUKI、ROBERT、AISIN	—	TOYOTA、INDUST
2017年	2018年	INTERN、ASAHI、INDUST、ROBERT、AISIN、SUZUKI	INDUST、INTERN	CANON、SOCBIC

注：2005 年为对比窗口。按字母顺序排列表中专利权人的简称：ASAHI（旭硝子玻璃）、AISIN（爱信精机）、CANON（佳能）、FORDGL（福特全球）、HONDA（本田汽车）、HPDCLP（惠普开发）、IDATEC（Idtec）、INDUST（产业技术研究院）、INTERN（国际燃料电池）、MAT-SUS（松下）、NISSAN（日产汽车）、ROBERT（罗伯特·博世）、SAMSDI（三星 SDI）、SUZUKI（铃木汽车）、SOCBIC（法国比克）、TOYOTA（丰田汽车）。

　　其次，许多网络成员并不固定存在于特定群体之中，而是在不同的技术群体之间穿梭，即群体成员流动现象。以编号 47（ROBRET，罗伯特·博世）为例，展示其在 2005～2018 年在不同群体之间的流动情况。如表 4.2 所示，不同群体用不同的形状来表示。

表 4.2 微观层面下成员跨群流动

网络成员——ROBRET				
时间窗口期	2005	2006	2007	2008	2009
技术群体归属	△	□	△	□	□
时间窗口期	2010	2011	2012	2013	2014
技术群体归属	⊞	▽	○	○	○
时间窗口期	2015	2016	2017	2018	
技术群体归属	○	○	⧗	□	

注：以节点 47（ROBRET，罗伯特·博世）为例，观测其不同网络时期归属的技术群体。

　　②社群层面，存在着明显的群体组建、扩张、合并、分裂、萎缩、衰亡的动态演化特征。可以观察到，2007 年、2008 年和 2011 年均组建 1 个新群体和解散 1 个旧群体，2015 年与 2017 年均发生了两个新群体的组建和 1 个旧群体的解体，其余网络仅发生成员变动。不过从整体来看，

网络中群体数目并没有发生较大规模的变化。具体信息如表 4.3 所示。

表 4.3　　　　　　　社群和网络视角下技术群体动态属性

t	$t+1$	社群视角		网络视角		
		群体动态	群体数目	群体林立程度	群体成员变动	成员跨群流动
2005	2006	仅成员变动	3	0.629	0.484	0.300
2006	2007	解体 1 个，组建 1 个	4	0.569	0.487	0.540
2007	2008	解体 1 个，组建 1 个	4	0.544	0.444	0.760
2008	2009	组建 2 个	4	0.587	0.587	0.920
2009	2010	仅成员变动	5	0.504	0.640	1.180
2010	2011	解体 1 个，组建 1 个	6	0.537	0.673	1.400
2011	2012	仅成员变动	6	0.564	0.269	1.660
2012	2013	仅成员变动	6	0.674	0.334	1.860
2013	2014	仅成员变动	7	0.545	0.437	2.120
2014	2015	解体 1 个，组建 2 个	8	0.485	0.637	2.300
2015	2016	仅成员变动	7	0.476	0.465	2.580
2016	2017	解体 1 个，组建 2 个	8	0.341	0.707	2.820
2017	2018	仅成员变动	8	0.282	0.579	3.100

注：2005 年为对比窗口。

③宏观层面，产业创新网络发展的各个窗口期都呈现技术群体分化现象。通过计算不同窗口期的凝聚子群林立系数（越接近 1，表明关系越发生在群体之外，意味着林立程度越小），可以发现网络分化为技术群体的程度逐渐增强，群体林立现象开始涌现。此外，还计算出每个产业创新网络中的平均群体成员变动和成员跨群流动状况，如表4.3 所示。

4.5 数据分析与结果讨论

4.5.1 相关分析

变量的描述性统计与相关性分析如表4.4所示，包括均值、标准差和相关系数。从表中可观察到，各自变量之间的相关系数基本在0.7以内，说明不存在变量自相关的问题。在进入回归模型之前，本研究首先对群体成员变动、成员跨群流动以及群间技术异质性和群间位置非对称性进行标准化处理，然后构建交互项执行回归分析。结果显示，所有变量VIF值都在可接受的范围内，未表现出明显的多重共线性。

4.5.2 假设检验

第一，本研究以技术群体关系耦合为因变量构建模型。其中，模型1仅包含控制变量；模型2检验群体成员变动对技术群体关系耦合的直接影响；模型3在模型2的基础上加入群间技术异质性及其与群体成员变动的交互项，以检验调节效应；模型4检验成员跨群流动对技术群体关系耦合的直接影响；模型5在模型4的基础上加入群间位置非对称性及其与成员跨群流动的交互项，以检验调节效应。模型展示如下，回归分析结果如表4.5所示。

$$IRC = \beta_0 + \beta_1 NS + \beta_2 NCC + \beta_3 GC + \varepsilon \qquad \text{（模型1）}$$

$$IRC = \beta_0 + \beta_1 NS + \beta_2 NCC + \beta_3 GC + \beta_4 GMT + \varepsilon \qquad \text{（模型2）}$$

$$IRC = \beta_0 + \beta_1 NS + \beta_2 NCC + \beta_3 GC + \beta_4 GMT + \beta_5 GMT \times ITH + \varepsilon$$
$$\text{（模型3）}$$

$$IRC = \beta_0 + \beta_1 NS + \beta_2 NCC + \beta_3 GC + \beta_4 GMM + \varepsilon \qquad \text{（模型4）}$$

表 4.4

变量的描述性统计与相关性分析

变量	NS	NCC	GC	GMT	GMM	ITH	IPA	IRC	IKC
NS	1								
NCC	0.391**	1							
GC	-0.258**	0.240**	1.000						
GMT	0.237**	0.283**	-0.040	1.000					
GMM	0.619**	0.345**	0.042	0.343**	1.000				
ITH	-0.098	-0.121	-0.165	-0.193*	0.046	1.000			
IPA	0.420**	0.307**	0.233**	0.328**	0.330**	-0.311**	1.000		
IRC	0.349**	0.380**	0.180**	0.275**	0.507**	-0.089	0.384**	1.000	
IKC	0.465**	0.405**	0.202*	0.469**	0.627**	-0.120	0.223**	0.397**	1.000
均值	45.352	0.174	0.341	0.411	1.093	0.399	0.035	336.076	248.432
标准差	15.687	0.217	0.596	0.158	0.747	0.398	0.037	472.052	221.294

注：N=138。** 分别在 0.01 水平上显著相关；* 在 0.05 水平上显著相关。

$$IRC = \beta_0 + \beta_1 NS + \beta_2 NCC + \beta_3 GC + \beta_4 GMM + \beta_5 GMM \times IPA + \varepsilon$$

（模型 5）

表 4.5 　　　　　　　　　　　回归分析结果

变量		模型 1 IRC （被解释变量）	模型 2 IRC （被解释变量）	模型 3 IRC （被解释变量）	模型 4 IRC （被解释变量）	模型 5 IRC （被解释变量）
控制变量	NS	0.438 *** (5.648)	0.385 *** (4.949)	0.375 *** (4.843)	0.006 (0.077)	0.040 (0.543)
	NCC	0.330 *** (4.000)	0.349 *** (4.338)	0.490 *** (5.125)	0.268 *** (4.002)	0.300 *** (5.162)
	GC	0.154 * (1.807)	0.141 * (1.696)	0.054 (0.607)	0.042 (0.595)	−0.067 (−1.062)
解释变量	GMT		0.213 *** (2.845)	0.228 *** (3.023)		
	GMM				0.649 *** (8.109)	0.377 *** (4.593)
调节变量	ITH			−0.052 (−0.606)		
	IPA					0.198 * (2.364)
交互项	GMT * ITH			0.200 * (2.234)		
	GMM * IPA					0.290 *** (4.244)
R²		0.328	0.371	0.406	0.566	0.684
调整 R²		0.312	0.350	0.376	0.552	0.668
△调整 R²		—	0.038	0.026	0.176	0.116
F 值		19.711 ***	17.673 ***	13.441 ***	39.133 ***	42.629 ***

注：N = 138. *** 、 ** 、 * 分别在 0.005、0.01、0.05 和 0.1 水平上显著相关。

第二，本研究以技术群体知识耦合为因变量构建模型。其中，模型 6 仅包含控制变量；模型 7 检验群体成员变动对技术群体知识耦合的直接影响；模型 8 在模型 7 的基础上加入群间位置非对称性及其与群体成员变动的交互项，以检验调节效应；模型 9 检验成员跨群流动对技术群体知识耦合的直接影响；模型 10 在模型 9 的基础上加入群间技术异质性及其与成员跨群流动的交互项，以检验调节效应。模型展示如下，回归分析结果如表 4.6 所示。

$$IKC = \beta_0 + \beta_1 NS + \beta_2 NCC + \beta_3 GC + \varepsilon \quad （模型 6）$$

$$IKC = \beta_0 + \beta_1 NS + \beta_2 NCC + \beta_3 GC + \beta_4 GMT + \varepsilon \quad （模型 7）$$

$$IKC = \beta_0 + \beta_1 NS + \beta_2 NCC + \beta_3 GC + \beta_4 GMT + \beta_5 GMT \times IPA + \varepsilon$$

$$（模型 8）$$

$$IKC = \beta_0 + \beta_1 NS + \beta_2 NCC + \beta_3 GC + \beta_4 GMM + \varepsilon \quad （模型 9）$$

$$IKC = \beta_0 + \beta_1 NS + \beta_2 NCC + \beta_3 GC + \beta_4 GMM + \beta_5 GMM \times ITH + \varepsilon$$

$$（模型 10）$$

表 4.6   回归分析结果

变量		模型 6 IKC （被解释变量）	模型 7 IKC （被解释变量）	模型 8 IKC （被解释变量）	模型 9 IKC （被解释变量）	模型 10 IKC （被解释变量）
控制变量	NS	0.535 *** (7.044)	0.240 *** (3.401)	0.238 *** (3.336)	0.235 * (2.590)	0.185 † (1.934)
	NCC	0.188 * (2.328)	0.160 * (2.471)	0.165 * (2.509)	0.145 † (1.961)	0.219 ** (2.730)
	GC	0.261 *** (3.118)	0.061 (0.861)	0.062 (0.863)	0.183 * (2.351)	0.105 (1.257)
解释变量	GMT		0.597 *** (8.254)	0.555 *** (7.108)		
	GMM				0.451 *** (5.101)	0.477 *** (5.200)

变量		模型 6	模型 7	模型 8	模型 9	模型 10
		IKC（被解释变量）	IKC（被解释变量）	IKC（被解释变量）	IKC（被解释变量）	IKC（被解释变量）
调节变量	IPA			0.045（0.701）		
	ITH					−0.176*（−2.266）
交互项	GMT * IPA			0.025（0.392）		
	GMM * ITH					−0.023（−0.314）
R^2		0.356	0.589	0.591	0.471	0.493
调整 R^2		0.340	0.575	0.570	0.453	0.467
△调整 R^2		0.340	0.235	0.206	0.113	0.014
F 值		22.283***	43.015***	28.432***	26.674***	19.116***

注：$N = 138$. ***、**、*、† 分别在 0.005、0.01、0.05 和 0.1 水平上显著相关。

4.5.3 结果讨论

（1）主效应的检验结果

从模型 1 的结果来看，网络规模（$\beta = 0.438$，$p < 0.005$）、网络聚类系数（$\beta = 0.330$，$p < 0.005$）和群内凝聚性（$\beta = 0.154$，$p < 0.05$）对技术群体的关系耦合呈现显著正向影响。

模型 2 的结果显示，群体成员变动与技术群体关系耦合的回归系数为显著正向（$\beta = 0.213$，$p < 0.005$），模型的整体拟合优度增加了 3.8% 且通过了 F 值检验，因此假设 H1 得到支持，即群体成员变动正向影响技术群体的关系耦合。

模型 4 的结果显示，成员跨群流动与技术群体关系耦合的回归系数为显著正向（$\beta = 0.649$，$p < 0.005$），模型的整体拟合优度增加了

17.6%且通过了 F 值检验，因此假设 H2 得到支持，即成员跨群流动正向影响技术群体的关系耦合。

从模型 6 的结果来看，网络规模（$\beta = 0.535$，$p < 0.005$）、网络聚类系数（$\beta = 0.188$，$p < 0.05$）和群内凝聚性（$\beta = 0.261$，$p < 0.05$）对技术群体的知识耦合呈现显著正向影响。

模型 7 的结果显示，群体成员变动与技术群体的知识耦合的回归系数为显著正向（$\beta = 0.597$，$p < 0.005$），模型的整体拟合优度增加了 23.5%且通过了 F 值检验，假设 H3 得到支持，即群体成员变动正向影响技术群体的知识耦合。

模型 9 的结果显示，成员跨群流动与技术群体知识耦合的回归系数为显著正向（$\beta = 0.451$，$p < 0.005$），模型的整体拟合优度增加了 11.3%且通过了 F 值检验，因此假设 H4 得到支持，即成员跨群流动正向影响技术群体的知识耦合。

这表明，尽管成员不断进入和退出技术群体的边界，但是旧群体成员长期积累形成的关系和知识流交互并不能被轻易损毁，它们仅随着技术群体的边界被重新划分或分配。因而，短期内成员变动不仅可以丰富技术群体之间桥接路径的多样性，还能够促进技术群体间知识的流动和共享。长期来看，这些由群体成员变动和成员跨群流动所引发的关系和知识的转移虽呈现衰减趋势，但新构建的关系范围愈发广阔，且引发的知识流耦合也逐渐上升。因此，群体成员变动和跨群流动会正向影响技术群体的关系耦合和知识耦合。

但是，这一结果与魏龙和党兴华（2017）[65] 的观点不太一致。他们认为企业所属的网络社群发生成员变动和成员流动的两种微观组织行为与企业的渐进式创新与突破式创新之间均呈现倒 U 型关系，而非线性关系。也就是说，社群成员变动过于频繁带来的负面效应如群内凝聚力被破坏、合作惯例被打破等，而且过度跨群流动在扩大知识接触面的同时较难真正实现知识利用，不利于两种创新活动的开展。虽然本研究探索的是群体动态行为与网络结果的关系，而不是企业创新活动如何受到群体行为的影响，二者开展的研究范畴和层级不同。不过，仍然可以推测造成这一不一致的原因在于，对技术主体而言，实施群体变动或跨群流动的目的都是获取可利用的资源从而实现自身的竞争优势，而当这种动态社群行为的收益不及成本时，将较难持续下去，因此群体成员变动与成员跨群流动会促进技术群体耦合的程度。

（2）群间技术异质性的调节效应检验结果

模型 3 的结果显示，群间技术异质性与群体成员变动的交互项（$\beta = 0.200$，$p < 0.05$）显著正向影响技术群体的关系耦合，且模型的拟合优度增加了 2.6%，假设 H5a 得到支持，即群间技术异质性会正向调节群体成员变动与技术群体关系耦合的影响关系。

这说明群间技术异质性的增加，对群内成员提供了强大的跨群变动刺激，从而构建更多的网络关系以获取非冗余资源，能够促进群间关系耦合的提升。西奇和塔塔里诺维奇（2014）[61]指出，不同群体之间具有技术异质性且刺激成员进入和退出群体边界的行为发生。本研究在此基础上进行了补充和扩展，即群体之间掌握异质知识或技术、资源的差异程度，具有调节成员动态行为对群间耦合影响幅度的功能。因此，在治理技术群体关系耦合的过程中，不能忽视网络中不同群体之间所具备的技术或知识差异性。

模型 10 的结果显示，群间技术异质性与成员跨群流动的交互项（$\beta = -0.023$）与技术群体知识耦合之间的回归系数不显著。假设 H5b 不被支持，即群间技术异质性不调节成员跨群流动与技术群体知识耦合的影响关系，这与预期不符。

造成这种情况的原因可能在于，较高的成员跨群流动使得其携带的资源进入网络内部的多个群体中，并且作为外部的新颖知识，不断被吸纳或剔除。同时，群内成员不断面临着这种不同技术群体之间的资源波动和群体行为动态惯例的挑战，因而对群间技术异质性不敏感。还可能是因为过高的群间技术异质性表明，不同技术群体之间的知识距离较大，成员跨群流动进行知识共享时需要花费较高的成本和精力，因而群间技术异性丧失了驱动成员流动进行知识耦合的动力作用。

（3）群间位置非对称性的调节效应的检验结果

模型 8 的结果显示，群间位置非对称性与群体成员变动的交互项（$\beta = 0.025$）与技术群体知识耦合之间的回归系数不显著，假设 H6a 不被支持，即群间位置非对称性不调节群体成员变动与技术群体知识耦合的影响关系。

模型 5 的结果显示，群间位置非对称性与成员跨群流动的交互项（$\beta = 0.290$，$p < 0.005$）显著正向影响技术群体的关系耦合，且模型的拟合优度增加了 11.6%，假设 H6b 得到支持，即群间位置非对称性正向调节成员跨群流动与技术群体关系耦合的影响关系。

这说明群间位置越不对称，群体成员穿越多个群体影响技术群体关系耦合的效应得到增强。但是与预期不同，群间位置非对称性不能调节群体成员变动与技术群体知识耦合之间的作用关系。究其原因，群体成员变动涉及该技术主体及其网络关系的变动，反映的是技术主体网络嵌入的动态属性，而网络嵌入往往在知识搜索、控制方面显现出优势，却在成员跨群流动影响群间知识转移方面稍显不足。正如张梦晓和高良谋（2019）[232]的观点所指出的，网络位置对知识转移的阻碍机制表现为，非对称位置上的网络成员意味着彼此之间信任的缺失，这会增加双方进行知识获取的难度，从而降低知识转移量。

为了更直观地揭示群间技术异质性、群间位置非对称性与群体成员变动、成员跨群流动之间的交互作用，本文借鉴艾肯（Aiken et al.，1991）[233]提出的方法对调节效应进行图解。图 4.3（a）绘制了群间技术异质性变化 1 个标准差，对群体成员变动与技术群体关系耦合之间作用关系的调节效应。如图所示，群间技术差异的程度越高，群体成员变动提升关系耦合水平的作用越大；而群间技术差异不大时，这种促进作用相对较小。图 4.3（b）展示的是群间位置非对称性变化 1 个标准差，对成员跨群流动与技术群体关系耦合之间影响关系的调节效应。如图所示，技术群体所占据的网络中介位置的地位悬殊越大，成员跨群流动促进技术群体关系耦合的强度会越大；反之，当较为对称位置上的技术群体开展成员跨群流动时，关系耦合会得到较大的提升。

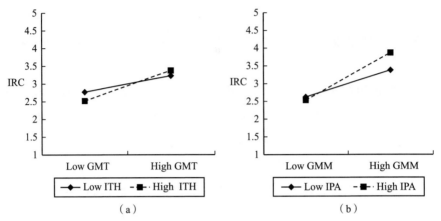

图4.3　群间技术异质性和群间位置非对称的调节效应

4.6　本章小结

本章从群体成员变动和成员跨群流动两个微观主体的动态行为视角，厘清其作为驱动因素影响技术群体实施关系耦合和知识耦合的作用机制。

首先，通过回顾相关文献，界定了群体成员变动和成员跨群流动两种动态群体行为，随后分别论述其与技术群体关系耦合、知识耦合之间的影响关系，以及群间技术异质性和群间位置非对称性的调节效应，提出8个研究假设。在假设验证之前，选取新能源产业中的燃料电池技术为例，绘制出2005～2018年窗口期的网络拓扑图，直观地从微观组织视角、中观社群视角和网络整体视角观测动态社群行为的情况。

其次，在测量相关变量之后，执行变量的描述性统计和相关性分析，然后进行层级回归分析来检验假设，发现有6个假设被支持，2个假设被拒绝。主要研究结论如下：（1）群体成员变动、成员跨群流动正向影响技术群体关系耦合的程度，群体成员变动、成员跨群流动正向影响技术群体知识耦合的程度。（2）群间技术异质性正向调节群体成员变动对技术群体关系耦合的影响关系，但不调节成员跨群流动对技术群体知识耦合的影响关系。（3）群间位置非对称性正向调节成员跨群流动对技术群体关系耦合的影响关系，但不调节群体成员变动对技术群体知识耦合的影响关系。

再次，本研究不仅拓展了群内微观主体的动态行为与技术群体之间耦合活动的关系研究，同时，通过把技术群体层面的群间技术异质性和群间位置非对称性纳入研究框架，阐明了二者作为情境因素，影响动态群体行为与群间耦合活动的作用机制研究。现有创新领域涉及中观社群的研究，大多考察网络社群的两种静态属性，即群内凝聚性和群间桥接关系；探索的问题聚焦在组织创新活动中如何在自身网络位置的基础上，借助网络社群的关系和资源优势，来促进渐进式或突破式创新绩效；这类研究忽略了动态社群的行为属性。现有的动态社群研究虽然从微观层面对群体成员变动和成员跨群流动两个方面进行了刻画，但依旧挖掘的是其与组织创新的关系，局限在"结构—行为—绩效"的 SCP 范式之中，没有真正关注技术群体本身。而本研究通过探讨群体成员变动和成员跨群流动与技术群体关系耦合、知识耦合的影响关系，拓展了动态群体行为与技术群体交互的关联研究。此外，以往对动态社群的研究，尽管从拓扑的角度描绘了社群稳定性、子群林立、成员变动等属性，但是，对群体成员变动以及成员跨群流动会使技术群体的结构形态发生怎样的变化，如组建、扩张、合并、分裂、萎缩、衰亡等，缺乏清晰和深入的探讨。本研究不仅在假设论证中考虑了群体成员变动和成员跨群流动可能引发的上述形态变化，还采用社会网络分析方法具体展示了不同网络层级的上述形态。

最后，本研究发现动态群体行为是依赖于情境的复杂活动，不仅要考虑群间技术异质性的影响，还要考虑群间位置非对称性的作用。

5 技术群体关系耦合对产业创新网络抗毁性的影响研究

5.1 问题提出

技术群体之间的关系耦合是网络视角下观测到网络社群实施耦合行为的最直观表象。以往研究从微观个体层面交互的角度，探索了其对网络稳定运行的影响，发现过强或过弱的关系互动均可能致使网络运行失灵。因为强交互极易带来"过度嵌入"问题，造成创新网络陷入封闭的强网络失灵中，而稀疏交互则可能引发网络中全局知识通道的断裂，使创新网络丧失创新扩散的功能，造成弱网络失灵。那么，拓展到技术群体层面，技术群体之间的关系耦合仍然会带来以上两种网络失灵的局面吗？还是会出现新的结论，本研究认为亟待探讨。

以往文献指出，集聚结构是影响产业创新网络抗毁性的最直接因素。因为具有高度集聚结构的产业创新网络由于少数核心主体主导着网络成员选择、创新任务分配、技术知识转移，等等，可能使其在面临冲击时，缺乏结构鲁棒性和灵活应对危机的能力。[125]并且，先前的研究发现，技术群体之间的交互活动会降低网络集聚结构的态势。因为从网络结构视角来看，技术群体开展关系耦合是一种结构性表现，它可以跨越单个技术群体所缺乏的知识结构漏洞，突破局部封闭的群体边界去构建全局桥接渠道，给群内成员带来异质性知识，进而削弱网络集聚结构的趋势。[28]但是，就关系维度的技术群体耦合、集聚结构与产业创新网络结构抗毁性和功能抗毁性之间的作用机制来说，现有研究还缺乏深入的探索。

另外，开放式创新的文献发现，企业实施内向型开放式创新与外向型开放式创新活动的程度呈现出不对称现象。而且，虽然内向型开放式创新对产业技术追赶发挥了重要作用，但若长期忽视外向型开放式创新，将极易导致产业创新价值和技术路径的僵化甚至锁定。尽管如此，立足产业层面探究内外向开放式创新不对称，并探究其与技术群体之间的创新交互活动、产业创新网络平稳运行联系起来的文献还相当薄弱，亟须展开深入研究。[234]开放度被普遍认为是研究开放式创新程度的重要支点，因此本研究借鉴开放"广度—深度"框架，对企业内外向开放式创新非对称进行解构，并分别探索它们在技术群体关系耦合与产业创新网络抗毁性影响关系中的调节作用。

因此，本章节旨在解决以下三个问题：①技术群体的关系耦合与产业创新网络结构抗毁性和功能抗毁性的直接作用关系；②集聚结构在技术群体关系耦合与产业创新网络结构抗毁性和功能抗毁性之间影响关系中的中介作用；③内外向开放式创新广度非对称、内外向创新深度非对称在技术群体关系耦合与产业创新网络结构抗毁性、功能抗毁性之间影响关系中的调节效应。

5.2 研究假设与关系模型

（1）集聚结构

集聚结构是网络的一种宏观结构属性，表现为网络在多大程度上向某些节点集中的趋势，从网络整体层面反映出节点度数中心性的非均匀分布状态。以往的研究发现，集聚结构的形成影响取决于以下因素：网络基本属性、成员或子群之间的创新互动、消费者对技术标准的偏好、产业技术成熟度等。通常早期进入网络的具有优越技术能力的技术主体，会处于网络的中心位置，并且随着网络的动态演化，择优连接机制将使得该主体更核心化，网络逐步稳定具有较高的存活率。[235]但是，与具有分散非层次结构的网络相比，当核心组织遭受有针对性的冲击时，网络的聚集程度越明显，结构鲁棒性就越差。而且，集聚结构带来的高度集权会诱发组织内部的保守主义，使组织丧失灵活应对复杂风险的能力。从技术的角度来看，掌握技术标准的技术主体会逐渐位于网络的中心，因为它们通过不断影响消费者预期成功地确立了产业地位，从而提高进入技术市场的壁垒形成垄断。[53]并且，随着主导设计或标准的出现，创新网络可能会随着进一步的发展而僵化。[129]强烈的集聚结构往往是网络成熟的标志，这时较大规模或较领先的组织已经发展了较为稳定的知识协作组合，如果没有突破性新技术的引进，该网络将丧失活力而逐步走向衰落。[236]

（2）内外向开放式创新非对称

根据知识跨企业边界流动的方向，开放式创新被划分为内向型创新、外向型创新和耦合型创新三种类型。[237]①内向型开放式创新，指组织从外部获取知识以识别、选择、利用和内化思想。通常采用的内向型创新活动有用户参与式创新、购买或获取外部知识许可等。宝洁是开放式创新研究中广为人知的典型例子，该企业在采取了内向型开放式创新活动后，多款新产品都借助外部公司进行研发，使得研发效率得到了极大提升。②外向型开放式创新，指有目的的商业化和在组织外部环境中获取内部开发的想法。外向型创新活动通常采用对外技术授权或销售的办法实施。典型的外向型创新例子——摩托罗拉公司，通过对外出售技术获得了可观的收益，每年可达100亿美元。但是，外向型创新在带来高收益、高声誉的同时，由于技术外溢和知识产权泄漏，有可能使企业丧失领先地位。③耦合型开放式创新，指企业将双向开放式创新结合起来，在把创意想法带到市场的同时实现创新的商业化。一般可以采用联盟、合资等模式进行内向型和外向型创新的联合运作，充分规避单一实施内向或外向创新模式的弊端，并发挥双面优势。例如，可以通过内向型创新捕捉外部技术动向和市场需求，为外向型创新提供方向导向；同时，通过外向型创新压缩研发或创新成本，为进一步开展内向型创新提供支持。[238]

虽然由内而外的创新被视为开放式创新的核心过程，大多数的研究仍侧重于内向型创新或耦合型创新。从产业层面来看，技术主体实施内向型开放式创新与外向型开放式创新的程度呈现出非均衡的态势。例如，范德米尔（Van der Meer，2007）[239]对荷兰创新型工业企业的研究发现，实施内向型开放式创新的企业占比高达74%，而采用外向型开放式创新模式的约为54%。比安奇等（Bianchi, et al.，2011）[240]在研究生物制药行业实施开放式创新的情况中指出，60%以上的开放式创新活动均与内向型创新相关。米其林农等（Michelino et al.，2014）[241]对全球126家世界顶级生物制药公司的实证研究结果表明，企业的内向型创新程度高于外向型创新程度。尽管以上研究成果在一定程度上阐述了双向开放式创新活动不对称的现象，但没有完整界定其概念与内涵。马佐拉等（Mazzola et al.，2015）[242]首次直接阐述了企业内外向开放式创新的非对称，他们采用"开放式创新流"（open innovation flow）来表征组织平衡实施内外向开放式创新的态度，并根据知识从外向内流入与由内向外溢出的净差值程度进一步细分为正的、负的和中立态度三种类型。他们的研究还探讨了开放式创新流在网络嵌入与新产品开发关系中的调节效应，结果发现当内向型创新活动强于外向型创新活动时，能正向调节网络中心性和结构洞与新产品开发的作用关系。

创新开放度被普遍认为是衡量企业实施开放式创新水平的重要指标。本研究认为，开放式创新非对称指技术主体实施内向型开放式创新与外向型开放式创新程度的不均衡水平。从产业创新网络的实际运行层面来看，这种非对称主要指强内向型 – 弱外向型开放式创新模式。依据劳伦和萨特（Laursen et al.，2006）[243]开放式创新的广度－深度框架，开放的广度指企业与外部合作的创新要素的个数，开放的深度指企业与外部各创新要素合作的频率。[244]本研究进一步将开放式创新非对称解构为，内外向创新广度非对称和内外向创新深度非对称两个维度。对产业创新网络中的每个技术主体而言，内外向创新广度非对称，指该主体在实施开放式创新活动中知识流入来源对象的数量和知识溢出对象的数量差异；内外向创新深度非对称，指该主体在实施开放式创新活动中知识流入的关系强度与知识溢出的关系强度的差异。[234]

5.2.1　技术群体关系耦合与产业创新网络结构抗毁性

本研究预计技术群体之间的关系耦合，会对产业创新网络的结构抗毁性产生正向促进作用。群间关系耦合为技术群体之间构建了多元化的联系通道，使得群内主体能广泛触及更多的网络伙伴，同时打通了获取更广泛和多样化非冗余资源的路径。[113]这种多维关系在一定程度上缓解了网络演化进程中的"路径依赖"效应。技术路径依赖的基本思想是技术一旦进入一定轨道就会由于惯性而进行自我强化，从而使其锁定于特定的路径轨迹。以往的研究发现，当集群网络达到一定规模以后，发展速度变得相对滞缓甚至出现了衰退，其本质原因在于路径依赖造成的锁定。[245]而且，基于演化经济学的分析也指出，路径依赖使得产业转型升级的成本过高、困难加重，易产生锁定效应，因而当产业集群面临市场条件变化或技术变革压力时，产业集群很难通过技术转型存活下来。[246]不过，集群网络的主体也尝试通过多种方式如拓展网络边界，偏离次优路径或创造路径，从而规避这种消极效应。技术群体之间的关系耦合则增强了产业创新网络应对知识锁定或网络关系断裂引发的结构脆弱性风险。据此，提出假设 1：

H1：技术群体关系耦合正向影响产业创新网络的结构抗毁性。

5.2.2　技术群体关系耦合与产业创新网络功能抗毁性

技术群体内部较高的凝聚性促使群内成员遵循既定标准和惯例的规范，但这可能会扼杀成员的创造力，阻碍创新。此外，紧密交流的群内关系为伙伴提供了许多冗余路径，因此内部成员之间知识基础越来越趋同、知识新颖性和异质性不足。希林等（2007）[192]指出，当群体之间相互稀疏连接时，这种网络结构将有利于多样性知识的交流与共享，从而使知识创造成为可能。技术群体之间通过稀疏的关系连接在一起，会形成局部紧密联系而全局桥接连通的“小世界”网络。[104]这种网络结构一方面意味着网络中知识、技术等资源流动的阻碍与损耗较少，有利于群内主体依托紧密合作的技术伙伴去内化不断增加的群外异质资源，加速网络局部的知识转移和扩散；另一方面，缩短了网络的平均路径长度[247]，意味着网络任意两个主体只需要通过少数的中介成员就能到达彼此，便于不同技术群体的成员之间开展资源流动与知识学习，从而实现新技术的垂直扩散。[248]因此，技术群体的关系耦合能促进创新扩散效率、知识转移等，从而正向影响产业创新网络的功能抗毁性。据此，提出假设2：

H2：技术群体关系耦合正向影响产业创新网络的功能抗毁性。

5.2.3　集聚结构的中介效应

（1）技术群体关系耦合与集聚结构

第一，技术群体的关系耦合能改善网络主体间的地位差异程度。地位是个体或组织在社会科层体系中所占据的级别的表征，拥有高地位的个体或组织在社会中往往享有尊贵的位置，并伴随着一系列地位优势。[249]技术群体的关系耦合有助于网络关系的连接策略由“三方闭合型”转向“桥接型”[28]，从而为不同网络地位的主体之间构建了知识、资源流通的路径，通过知识溢出为低地位的主体摆脱网络层级"锁定"提供了可能。因而，网络中成员地位的不均匀状态得到缓解，集聚趋势被削弱。鲍兰德等（2016）[250]认为，网络动态演化为不均匀的层级结构，很大程度上受到了地位在知识交换过程中的影响。第二，技术群体的关系耦合能缓解网络演化为"核心－边缘"结构的程度。技术群体的关系耦合能够促进具有不同创新活跃度的主体间的知识、技术和资源的共享，有助于为创新网络的全局连接提供更为多元的渠道，从而避免网络分化出紧密围绕的核心区与稀疏分散的边缘区，抑制产业创新网络"核心－边缘"结构形成的可能性。据此，提出假设3：

H3：技术群体的关系耦合负向影响产业创新网络集聚结构的态势。

（2）集聚结构与产业创新网络抗毁性

集聚结构会负向影响产业创新的网络结构抗毁性和功能抗毁性。第一，较集聚的网络更容易引起网络内部成员的冲突，破坏网络关系的稳定性和创新扩散的效率。高强度的集聚结构意味着网络内主体角色和地位呈现出明显的优劣分化，一般处于优势地位的主体倾向于采用强制的方式对弱势地位的主体进行控制，极易引发反弹带来的内部冲突，损害网络关系的稳定性。[93]尽管稳定运行中高地位成员担任着网络协调员的角色，并维护着网络中资源的有序流通[7]，但希林和方（2014）[95]的观点认为，由于网络信息过多，处于集聚结构的成员可能面临着信息过载而导致不能有效地识别信息的优先级甚至会传递错误信息给错误的成员，影响网络整体运行的情况。

第二，较集聚的网络易出现成员的机会主义行为，使网络缺乏面对风险的快速应对能力。高强度的集聚结构虽然使得资源在小范围内顺畅地流动，但与多数主体之间的资源依赖不对等，易诱发搭便车和机会主义行为，互惠性的缺失造成主体间的依赖关系难以维系，并使知识共享无法持续，从而降低产业创新网络的结构抗毁性和功能抗毁性。

第三，较集聚的网络极易受到蓄意风险的冲击且较难及时恢复。[33,135]如果处于集聚位置的技术主体没有正确预期市场需求或者遭遇产业技术的颠覆式创新,其自身难以及时应对,那么整个创新网络的运行极有可能面临倒退、崩溃甚至停止。也就是说,集聚结构所附着的关系和资源集聚的"滚雪球"效应,使得产业创新网络在面对核心主体遭遇内外风险时,会引发连锁失效,导致较低的结构抗毁性和功能抗毁性。据此,提出假设4a和假设4b:

H4a:集聚结构越明显,产业创新网络的结构抗毁性越弱。

H4b:集聚结构越明显,产业创新网络的功能抗毁性越弱。

(3)集聚结构的中介效应

由于技术群体的关系耦合能改善网络成员的地位差异,缓解关系不对称带来的冲突,从而增强产业创新网络的关系稳定性;能够构建更为多维的成员关系,避免形成集聚式结构导致缺乏应对风险的灵活性;能够促进异质资源在产业创新网络中流通,减少资源集聚使得网络在面对蓄意冲击的抵御能力较弱。已有研究在关注技术群体间关系耦合对产业创新网络运转的直接作用的同时,也从一定程度上说明了集聚结构在技术群体关系耦合与网络失灵之间存在中介作用。例如,拜等(Bai et al.,2016)[251]发现,网络社群之间的耦合会改变网络节点中心度分布的均匀程度,从而影响网络的抗毁性;克雷斯波等(2014)[28]指出,集群的封闭式、桥接式关系的转换会引发网络拓扑结构集聚性的改变,从而影响集群创新网络的弹性恢复力。基于以上分析,本研究认为,技术群体间关系耦合能缓解产业创新网络形成集聚结构的可能,从而提升产业创新网络的结构抗毁性和功能抗毁性。据此,提出假设5和假设6:

H5:集聚结构在技术群体关系耦合与产业创新网络结构抗毁性的关系中起中介作用。

H6:集聚结构在技术群体关系耦合与产业创新网络功能抗毁性的关系中起中介作用。

5.2.4 内外向创新广度非对称的调节效应

本研究预计,内外向创新广度非对称在技术群体关系耦合与产业创新网络结构抗毁性的关系中起负向调节作用。内向型创新的广度远高于外向型创新广度的主体,在网络中表现为较强的入度中心性和较弱的出度中心性,因而具有较强的资源获取能力,掌握着相对分散且丰富的技术知识。在择优偏好机制的驱使下[72],其他主体更倾向于与内外向广度非对称程度高的主体建立关系以共享其资源库。当产业创新网络中普遍出现这种态势,那么路径依赖效应将被强化,技术群体之间建立非集聚化的关系路径的构建空间也会被阻碍。总体而言,群体之间的稀疏关系耦合所形成的结构鲁棒性远远不及核心主体操控网络的力量。[234]

本研究预计,内外向创新广度非对称在技术群体关系耦合与产业创新网络功能抗毁性的关系中起负向调节作用。内外向创新广度非对称表示技术主体所掌握的权力存在差距,这在整体网络层面表现为知识权力的集中程度。当具有高知识权力的技术主体与其他主体建立了非对称依赖关系,互惠性的缺失将使得双方在创新合作过程中极易发生搭便车和机会主义行为。[252]这削弱了产业创新网络中不同技术群体之间构建知识共享路径的意愿,导致网络平均路径较长,从而不利于功能抗毁性的提升。据此,提出假设7a和假设7b:

H7a:内外向创新广度非对称负向调节技术群体关系耦合与产业创新网络结构抗毁性的关系。

H7b:内外向创新广度非对称负向调节技术群体关系耦合与产业创新网络功能抗毁性的关系。

5.2.5 内外向创新深度非对称的调节效应

本研究预计,内外向创新深度非对称在技术群体关系耦合与产业创新网络结构抗毁性的关系中起负向调节作用。内外向创新深度非对称说明技术主体在投入内向型和外向型开放式创新上的资产专用程度存在高低水平的差异。当产业创新网络面对产业动荡和技术变革等外生性风险时,那些投入较低专用资产的合作主体仅需要较低的技术转换成本即可与当前技术主体切断网络联结去建立新型伙伴关系。因而技术群体之间的关系耦合会受到内外向创新深度非对称的影响，发生群间关系大洗牌[234]，不利于产业创新网络的结构稳健性。

本研究预计，内外向创新深度非对称在技术群体关系耦合与产业创新网络功能抗毁性的关系中起到负向调节作用。内外向创新深度非对称表明产业创新网络中知识流入的关系强度与溢出的关系强度的差异。过高的知识获取将可能陷入技术主体的内部锁定，阻碍了知识在整个创新网络中的流动；而过高的知识溢出则意味着网络中其他主体主动或被动接受该类技术主体的知识主导，使网络被少数知识权力高的主体操控。[93]而且，由于较频繁的网络关系具有稳定性、持久性和路径依赖特征，而较稀疏的网络关系则具有间断性、临时性和自我保护特征。因此较强的内外向创新深度非对称，阻碍了技术群体关系耦合提高网络功能抗毁性的可能性。[101]据此，提出假设8a和假设8b：

H8a：内外向创新深度非对称负向调节技术群体关系耦合与产业创新网络结构抗毁性的关系。

H8b：内外向创新深度非对称负向调节技术群体关系耦合与产业创新网络功能抗毁性的关系。

本研究框架如图5.1所示，共计11个研究假设。其中，技术群体关系耦合为自变量，网络集聚结构为中介变量，产业创新网络的结构抗毁性和功能抗毁性为因变量，内外向创新广度非对称和内外向创新深度非对称为调节变量。

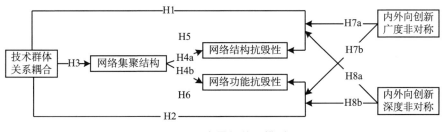

图5.1 变量间关系模型

5.3 变量测量

5.3.1 被解释变量

（1）创新网络结构抗毁性

复杂网络的结构抗毁性反映了网络结构的鲁棒性，指网络在随机故障或故意攻击（节点或关系被破坏）后保持连接的能力，其测量办法一般包括最大连通子图、加权代数连通度、自然连通度、网络结构熵等。其中，最大连通子图，适用于评估随机攻击、介数攻击等状态下的网络鲁棒性[6,34,36]；加权代数连通度，分析了不确定干扰下网络结构的鲁棒性[253]；自然连通度，利用网络节点间的冗余路径来度量网络的连通性[254,255]；网络结构熵，测度了网络的有序度和稳定性，用来分析网络规模和节点连接概率对结构稳定性的影响。[256]

在本研究中，产业创新网络的结构抗毁性（network structural invulnerability，NSI）表示网络在遭受外源性冲击或内部故障后，仍能保持结构稳定，反映了网络中仍能找到替代的冗余路径来维持网络不出现崩塌局面的能力。因而，借鉴彭和吴（Peng & Wu，2016）[255]的办法，采用自然连通度测度产业创新网络的结构抗毁性。自然连通度计算的是网络中闭环长度的加权总和，刻画产业创新网络中任意一对技术主体之间关系的替代冗余关系。计算公式为：

$$Network\_structural\ invulnerability = \ln\left(\frac{1}{N}\sum_{i=1}^{N}e^{\lambda_i}\right) \tag{5.1}$$

式中，λ_i 为非对称邻接矩阵特征谱 $\{\lambda_1,\ \lambda_2,\ \lambda_3\cdots,\ \lambda_i\}$ 的第 i 个特征根，N 为特征根数。

（2）创新网络功能抗毁性

复杂网络的功能抗毁性，反映了网络受到冲击后的性能维持能力。

当遭受蓄意冲击后，网络平均路径长度的变大幅度会增强，网络性能则下降更快，功能抗毁性也就更弱。在产业创新网络的抗毁性研究中，网络平均路径长度承担着高效传递网络信息、知识和资源的功能，而内外源的冲击会直接改变该路径长度，从而影响网络的运行效率和风险预警传播能力。

借鉴以往研究[6,34,257]，采用网络效率来测度网络的功能抗毁性（network functional invulnerability，NFI）。网络效率衡量了知识、技术和资源等创新要素在产业创新网络中的扩散速度。它计算的是网络中任意两个节点之间最短有向距离倒数的平均数，公式为：

$$Network\_functional\ invulnerability = \frac{1}{M(M-1)} \sum_{i \neq j} \frac{1}{d_{i \to j}} \quad (5.2)$$

式中，M 为网络规模，$d_{i \to j}$ 为从技术主体 i 到 j 的有向距离。

考虑专利引用存在滞后性，且技术群体耦合对产业创新网络的结构抗毁性和功能抗毁性的作用需要一定的时间，因此在具体研究中采用滞后1年期的数据进行测算。

5.3.2 解释变量

解释变量为技术群体的关系耦合（intergroup relationship coupling，IRC），其测量办法如公式（4.1）所示。

5.3.3 中介变量

集聚结构（network centralized structure，NCS）刻画了产业创新网络围绕某些主体集聚的程度，用网络中心势来测量。根据节点度中心性测量办法的不同，网络通常有三种中心势，分别为程度中心势、接近中心势和中介中心势。[258]程度中心性高的节点具有重要的网络位置和作用，甚至可以作为网络的中枢关键点；接近中心性高的节点意味着它与网络中其他节点具有最短距离；中介中心性较高表明该节点能最大限度地控制网络中其他节点之间的连接，通常充当着守门人以及群体连接的中间人角色。

本研究重点关注的是高集聚结构的网络，可能出现少数创新活跃度较高的技术主体占据网络的中心位置，进而主导或操纵网络结构的演化和功能效率的运行，因此采用网络的出度程度中心势来测量。计算公式如下：

$$Network\_centralized\ structure = \frac{\sum_{i=1}^{M}(C_{\max} - C_i)}{\max\left[\sum_{i=1}^{M}(C_{\max} - C_i)\right]} \quad (5.3)$$

式中，C_i 表示技术主体 i 的出度中心性。$C_{\max}$ 是 C_i 的最大值。

5.3.4 调节变量

（1）内外向创新广度非对称

学者们基于实践的视角认为，企业的专利获得授权许可（in-licensing）以及对外授权许可（out-licensing）分别是内向型和外向型开放式创新最重要的活动之一，且被用于衡量创新开放度。例如，比安奇等（2011）[240] 指出，内向型开放式创新是一种典型的技术外部开发，包括非股权战略联盟、购买技术服务以及购买技术授权三种方式；而外向型开放式创新包括非股权战略联盟、提供技术服务以及销售技术授权三种形式。马佐拉等（2015）[242] 认为，内向型开放式创新行为包括许可、获取服务、获取技术和资产，外向型开放式创新行为包括对外许可、出售服务、出售技术和资产。胡等（Hu et al., 2015）[259] 采用对外专利授权代表外向型开放式创新，因为通过对外授权企业不仅可以从技术知识的商业化中获得经济利益，还可以获得战略性的非货币性利益，包括获得外部知识以建立行业标准，以及获得与其他企业的交叉授权协议进行操作的自由。吕等（2019）[191] 采用企业获取的专利授权数量来表示内向型开放式创新，他们认为专利授权是企业获取其他企业知识产权和利用外部技术进行创新的普遍策略，并且提供了企业知识搜索的信息。

本研究借鉴施等（2020）[260]的测量办法，内外向创新广度（innovation breath asymmetry，IBA）采用焦点技术主体输入以及向外输出知识、技术或资源时合作的技术主体数量来测度。因此，内外向创新广度非对称由产业内所有技术主体实施内向型与外向型开放式创新广度的平均差值得出，计算公式为：

$$Innovation\ breadth\ asymmetry = \sum_{i=1}^{M} \sum_{j \neq i, j \in M} \left| \frac{Inciting_{patentnee} - Cited_{patentnee}}{TP_i} \right| / M$$

(5.4)

式中，$Inciting_{patentnee}$ 和 $Cited_{patentnee}$，分别表示第 i 个技术主体专利引用和被引主体 j 的数量；TP_i 表示第 i 个技术主体持有的全部专利数量。

（2）内外向创新深度非对称

借鉴施等（2020）[260]的测量办法，内外向创新深度（innovation depth asymmetry，IDA）用焦点技术主体所引进以及向外输出的多样化知识、技术或资源之间合作的强度来测度。内外向创新深度非对称由产业内所有技术主体实施内向型与外向型开放式创新深度的平均差值得出。计算公式为：

$$Innovation\ depth\ asymmetry = \sum_{i=1}^{M} \sum_{j \neq i, j \in M} \left| \frac{Inciting_{patent} - Citied_{patent}}{TP_i} \right| / M$$

(5.5)

式中，$Inciting_{patent}$ 和 $Cited_{patent}$ 表示第 i 个技术主体与 j 个主体之间的专利引用和被引用总频次；TP_i 表示第 i 个技术主体持有的全部专利数量。

5.3.5　控制变量

本研究从产业创新网络、技术群体角度引入了控制变量，包括网络规模、网络密度和技术群体的内部凝聚水平。

（1）网络规模

网络规模（network size，NS），指的是产业创新网络所包含的技术主体的数目。网络规模越大，成员间的联系复杂性越高，对产业创新网络的结构抗毁性产生的影响越大。而且，随着网络规模逐渐扩大，新进成员能为当前较为成熟的网络带来新技术和新资源，网络内具备一定学习能力、知识接受和转移意愿的组织会主动寻求合作，进而促进知识转移影响产业创新网络功能抗毁性。[261]

（2）网络密度

网络密度（network density，ND），表示网络中成员间联系的紧密程度。网络越稠密，网络中知识流动的通路越多，因而网络的结构连通性越强。但是网络密度则对创新扩散既有正向影响又有负向影响，一方面，由于紧密的联系可以促进规范和知识库的共享，因而可以促进知识的扩散[221]；但另一方面，牢固的联系可能会转化为冗余知识，从而削弱通过网络技术扩散的优势。[262]对于有向网络密度的测量，采用实际联系数占所有可能的直接联系数比例的1/2进行测量，计算公式为：

$$Network\_density = \frac{l}{M(M-1)} \tag{5.6}$$

式中，l 表示 t 窗口期专利引用网络中的实际关系数，M 表示网络规模。

（3）群内凝聚性

群内凝聚性（group cohesiveness，GC）能减少群内冲突，增强凝聚力，进而抵御来自产业网络内外部风险的冲击，因而影响创新网络的抗毁性[192]，需要对其进行控制。其概念和测度同公式（4.8）。

5.4 数据分析与结果讨论

5.4.1 相关分析

变量的描述性统计和相关性分析如表5.1所示。从表中可观察到内外向创新广度非对称和内外向创新深度非对称的相关系数为0.703。除此

表 5.1

变量的描述性统计与相关性分析

变量	NS	ND	GC	IRC	IBA	IDA	NCS	NSI	NFI
NS	1								
ND	-0.061	1							
GC	-0.258**	0.419**	1.000						
IRC	0.393**	0.388**	0.180	1.000					
IBA	-0.039	-0.153	0.147	-0.128	1.000				
IDA	0.389**	-0.227*	-0.099	-0.297**	0.703**	1.000			
NCS	0.478**	-0.164	-0.106	-0.358**	-0.259**	0.307**	1.000		
NSI	0.321**	0.394**	0.233**	0.614**	-0.502**	-0.352**	-0.583**	1.000	
NFI	0.077	0.436**	0.247**	0.413**	-0.326**	-0.414**	-0.342**	0.418**	1.000
均值	45.352	1.820	0.341	336.076	7.080	27.315	0.886	5.643	0.880
标准差	15.687	1.781	0.596	472.052	4.275	27.143	0.092	4.049	0.074

注：$N = 138$。** 在 0.01 水平上显著相关；* 在 0.05 水平上显著相关。

之外，其余各自变量之间的相关系数基本在 0.7 以内，说明不存在变量
自相关的问题。通过文献回顾发现，有研究指出开放广度和开放深度具
有一定的相关性，他们分别独立探讨两个维度对因变量的影响。例如，
陈钰芬与陈劲（2008）[244]在国内引入开放度框架，其样本的统计性描述
显示开放广度和深度的相关系数高达 0.880（$p < 0.001$）。西柔（Schroll
et al.，2011）[263]发现，内向型开放式创新越频繁，企业很可能会利用外
向型创新的方式来增加知识产权的未使用部分的利用。思齐米克等
（Sikimic et al.，2016）[264]指出，内向型创新的技术授权活动正向影响
外向型创新的技术外向许可数量。因此，本研究也将把内外向创新广
度非对称和内外向创新深度非对称作为独立变量进行探讨。在进入回
归模型之前，首先对技术群体关系耦合以及内外向创新广度非对称和
内外向创新深度非对称进行标准化处理，然后构建交互项执行回归分
析。结果显示，所有变量 VIF 值都在可接受的范围内，未表现出明显
的多重共线性。

5.4.2　假设检验

首先，本研究分别以产业创新网络的结构抗毁性和功能抗毁性为因
变量，共计构建 4 个模型来检验主效应。其中，模型 1 和模型 3 仅包含
控制变量，模型 2 和模型 4 分别检验技术群体关系耦合对创新网络结构
抗毁性、创新网络功能抗毁性的关系。模型展示如下，回归分析结果如
表 5.2 所示。

$$NSI = \beta_0 + \beta_1 NS + \beta_2 ND + \beta_3 GC + \varepsilon \qquad （模型 1）$$
$$NSI = \beta_0 + \beta_1 NS + \beta_2 ND + \beta_3 GC + \beta_4 IRC + \varepsilon \qquad （模型 2）$$
$$NFI = \beta_0 + \beta_1 NS + \beta_2 ND + \beta_3 GC + \varepsilon \qquad （模型 3）$$
$$NFI = \beta_0 + \beta_1 NS + \beta_2 ND + \beta_3 GC + \beta_4 IRC + \varepsilon \qquad （模型 4）$$

表 5. 2   主效应的回归分析结果

变量		模型 1 NSI (被解释变量)	模型 2 NSI (被解释变量)	模型 3 NFI (被解释变量)	模型 4 NFI (被解释变量)
控制变量	NS	0. 367 *** (4. 493)	0. 042 (0. 682)	0. 005 (0. 061)	0. 305 *** (4. 082)
	ND	0. 315 *** (3. 633)	0. 067 (1. 074)	0. 406 *** (4. 418)	0. 177 * (2. 354)
	GC	0. 193 * (2. 150)	0. 076 (1. 231)	0. 071 (0. 743)	0. 037 (0. 498)
解释变量	IRC		0. 755 *** (11. 674)		0. 697 *** (8. 973)
R²		0. 282	0. 670	0. 194	0. 524
调整 R²		0. 263	0. 658	0. 173	0. 508
△调整 R²		—	0. 395	—	0. 335
F 值		15. 281 ***	58. 785 ***	9. 380 ***	31. 944 ***

注：N = 127. 由于自变量（t 窗口）与因变量（$t+1$ 窗口）存在 1 个时间窗口期的滞后，因此 138 个合格样本进入回归模型时变为 127 个（下同）。*** 、 ** 、 * 分别在 0.005、0.01、0.05 水平上显著相关。

其次，借鉴巴伦和肯尼（Baron & Kenny，1986）[265] 的办法，进行中介效应检验。该办法认为中介效应的检验需要执行三个步骤：（1）检验自变量 X 与因变量 Y 的直接关系，得到回归系数 c；（2）检验自变量 X 与中介变量 M 的作用关系，得到回归系数 a；（3）检验自变量 X（回归系数为 c'）和中介变量 M（回归系数为 b）共同影响因变量 Y 的作用关系。当满足以下条件时，代表存在中介效应：（1）回归系数 c 显著，a 显著的同时 b 也显著，且 c' 明显小于 c 表示存在部分中介效应；（2）回归系数 c 显著，a 显著的同时 b 不显著，表示存在完全中介效应。

因此，本研究构建 3 个模型检验网络集聚结构的中介效应。其中，模型 5 检验技术群体关系耦合对网络集聚结构的直接影响；模型 6 以产业创新网络结构抗毁性为因变量，在模型2的基础上加入网络集聚结构；模型7以产业创新网络功能抗毁性为因变量，在模型4的基础上加入网络集聚结构。模型展示如下，回归分析结果如表5.3所示。

$$NCS = \beta_0 + \beta_1 NS + \beta_2 ND + \beta_3 GC + \beta_4 IRC + \varepsilon \qquad (模型5)$$

$$NSI = \beta_0 + \beta_1 NS + \beta_2 ND + \beta_3 GC + \beta_4 IRC + \beta_5 NCS + \varepsilon \qquad (模型6)$$

$$NFI = \beta_0 + \beta_1 NS + \beta_2 ND + \beta_3 GC + \beta_4 IRC + \beta_5 NCS + \varepsilon \qquad (模型7)$$

表 5.3　　　　　　　　　　中介效应的回归分析结果

变量		模型5	模型6	模型7
		NCS（中介变量）	NSI（被解释变量）	NFI（被解释变量）
控制变量	NS	0.135 (1.464)	0.104* (2.234)	0.303*** (4.688)
	ND	0.116 (1.250)	0.118* (2.528)	0.228*** (3.512)
	GC	−0.145 (−1.578)	0.017 (0.375)	0.105 (1.629)
解释变量	IRC	−0.532*** (−5.528)	0.524*** (9.730)	0.475*** (6.351)
中介变量	NCS		−0.435*** (−9.528)	−0.408*** (−6.439)
R^2		0.254	0.815	0.644
调整 R^2		0.229	0.807	0.629
△调整 R^2		—	0.149	0.121
F 值		10.220***	104.996***	42.964***

注：N = 127. ***、**、*分别在0.005、0.01、0.05水平上显著相关。

再次，以产业创新网络的结构抗毁性为因变量，构建4个模型检验调节效应。其中，模型8在模型2的基础上加入内外向创新广度非对称；

模型 9 加入内外向创新广度非对称与技术群体关系耦合的交互项以检验调节效应；模型 10 在模型 2 的基础上加入内外向创新深度非对称；模型 11 加入内外向创新深度非对称与技术群体关系耦合的交互项以检验调节效应。模型展示如下，回归分析的结果如表 5.4 所示。

$$NSI = \beta_0 + \beta_1 NS + \beta_2 ND + \beta_3 GC + \beta_4 IRC + \beta_5 IBA + \varepsilon \quad （模型 8）$$

$$NSI = \beta_0 + \beta_1 NS + \beta_2 ND + \beta_3 GC + \beta_4 IRC + \beta_5 IBA + \beta_6 IBA \times IRC + \varepsilon$$
$$（模型 9）$$

$$NSI = \beta_0 + \beta_1 NS + \beta_2 ND + \beta_3 GC + \beta_4 IRC + \beta_5 IDA + \varepsilon$$
$$（模型 10）$$

$$NSI = \beta_0 + \beta_1 NS + \beta_2 ND + \beta_3 GC + \beta_4 IRC + \beta_5 IDA + \beta_6 IDA \times IRC + \varepsilon$$
$$（模型 11）$$

表 5.4 　　　　　　　　　　调节效应的回归分析结果

变量		模型 8	模型 9	模型 10	模型 11
		NSI（被解释变量）	NSI（被解释变量）	NSI（被解释变量）	NSI（被解释变量）
控制变量	NS	0.006（0.098）	0.010（0.172）	0.054（0.812）	0.042（0.659）
	ND	0.042（0.672）	0.028（0.475）	0.077（1.167）	0.039（0.615）
	GC	0.081（1.348）	0.087（1.555）	0.076（1.224）	0.024（0.416）
解释变量	IRC	0.719***（11.180）	0.859***（11.483）	0.778***（9.849）	0.650***（8.347）
调节变量	IBA	−0.163**（−2.741）	−0.040（−0.644）		
	IDA			−0.042（−0.499）	−0.070（−0.900）

变量		模型 8 NSI （被解释变量）	模型 9 NSI （被解释变量）	模型 10 NSI （被解释变量）	模型 11 NSI （被解释变量）
交互项	$IBA * IRC$		-0.301^{***} (-4.417)		
	$IDA * IRC$				-0.501^{***} (-5.060)
R^2		0.690	0.735	0.670	0.731
调整 R^2		0.676	0.721	0.656	0.717
△调整 R^2		0.018	0.045	0.000	0.061
F 值		51.172***	52.759***	46.773***	51.585***

注：N = 127. ***、**、* 分别在 0.005、0.01、0.05 水平上显著相关。

最后，以产业创新网络的功能抗毁性为因变量，构建 4 个模型检验调节效应。模型 12 在模型 4 的基础上加入内外向创新广度非对称，模型 13 加入内外向创新广度非对称与技术群体关系耦合的交互项以检验调节效应，模型 14 在模型 4 的基础上加入内外向创新深度非对称，模型 15 加入内外向创新深度非对称与技术群体关系耦合的交互项以检验调节效应。模型展示如下，回归分析结果如表 5.5 所示。

$$NFI = \beta_0 + \beta_1 NS + \beta_2 ND + \beta_3 GC + \beta_4 IRC + \beta_5 IBA + \varepsilon$$
（模型 12）

$$NFI = \beta_0 + \beta_1 NS + \beta_2 ND + \beta_3 GC + \beta_4 IRC + \beta_5 IBA + \beta_6 IBA \times IRC + \varepsilon$$
（模型 13）

$$NFI = \beta_0 + \beta_1 NS + \beta_2 ND + \beta_3 GC + \beta_4 IRC + \beta_5 IDA + \varepsilon$$
（模型 14）

$$NFI = \beta_0 + \beta_1 NS + \beta_2 ND + \beta_3 GC + \beta_4 IRC + \beta_5 IDA + \beta_6 IDA \times IRC + \varepsilon$$
（模型 15）

表 5.5　　　　　　　　　　调节效应的回归分析结果

变量		模型 12	模型 13	模型 14	模型 15
		NFI （被解释变量）	NFI （被解释变量）	NFI （被解释变量）	NFI （被解释变量）
控制 变量	NS	0.312 *** (3.996)	0.315 *** (4.106)	0.248 *** (3.146)	0.314 *** (3.916)
	ND	0.173 * (2.267)	0.125 (1.611)	0.222 * (2.874)	0.142† (1.766)
	GC	0.036 (0.486)	0.032 (0.441)	0.038 (0.520)	0.074 (1.024)
解释 变量	IRC	0.691 *** (8.680)	0.856 *** (8.102)	0.807 *** (8.661)	0.584 *** (6.358)
调节 变量	IBA	− 0.025 (− 0.333)	− 0.060 (− 0.743)		
	IDA			− 0.208 * (− 2.074)	− 0.227 * (− 2.320)
交互项	IBA * IRC		− 0.207 * (− 2.319)		
	IDA * IRC				− 0.347 ** (− 2.770)
R^2		0.529	0.546	0.541	0.570
调整 R^2		0.508	0.522	0.521	0.548
△调整 R^2		0.000	0.014	0.013	0.027
F 值		25.382 ***	22.853 ***	27.142 ***	25.210 ***

注：N = 127. *** 、** 、* 、† 分别在 0.005、0.01、0.05 和 0.1 水平上显著相关。

5.4.3　结果与讨论

（1）主效应检验结果

从模型 1 的结果来看，网络规模（$\beta = 0.367$，$p < 0.005$）、网络密

度（$\beta = 0.315$，$p < 0.005$）和群内凝聚性（$\beta = 0.193$，$p < 0.05$）对产业创新网络结构抗毁性呈现显著正向影响。模型2的结果显示技术群体关系耦合与产业创新网络结构抗毁性的回归系数为显著正向（$\beta = 0.755$，$p < 0.005$），且模型的拟合优度增加了39.5%，因此假设H1得到支持，即技术群体关系耦合正向影响产业创新网络结构抗毁性。

从模型3的结果来看，网络密度（$\beta = 0.406$，$p < 0.005$）对产业创新网络功能抗毁性呈现显著正向影响，网络规模（$\beta = 0.005$）和群内凝聚性（$\beta = 0.071$）的回归系数不显著。模型4的结果显示技术群体关系耦合与产业创新网络功能抗毁性的回归系数为显著正向（$\beta = 0.697$，$p < 0.005$），且模型的拟合优度增加了33.5%，因此假设H2得到支持，即技术群体关系耦合正向影响产业创新网络功能抗毁性。通过对比可知，技术群体关系耦合影响产业创新网络结构抗毁性（$\beta = 0.755$，$p < 0.005$）的效应略大于功能抗毁性（$\beta = 0.697$，$p < 0.005$）。

这说明，技术群体间充足的联系渠道能够有效降低技术群体分化所带来的群内桎梏和知识锁定，使得产业创新网络在遭受冲击时仍能通过替代路径维持网络结构的稳定，还能促进产业创新网络内知识、技术和资源的流动，推动网络主体间的互惠依赖水平，提升网络运转效率。该研究结果与希林（Schilling et al.，2007）[192]、李莉等（2020）[38]的观点一致，即跨越技术群体的连接不仅提供了更多的路径信息来促进知识的转移，还有益于技术主体获取群体外部互补知识、共担网络风险，因此提升了产业创新网络的结构抗毁性和功能抗毁性。

（2）网络集聚结构的中介效应检验结果

集聚结构在技术群体关系耦合与产业创新网络结构抗毁性关系中的中介效应：①模型2的结果已显示，技术群体关系耦合与产业创新网络结构抗毁性的回归系数为显著正向（$\beta = 0.755$，$p < 0.005$）。②模型5的结果显示，技术群体关系耦合与集聚结构的回归系数为显著负向（$\beta = -0.532$，$p < 0.005$），因此假设H3得到支持，即技术群体关系耦合负

向影响产业创新网络集聚结构的态势。③模型 6 的结果显示，网络集聚结构与产业创新网络结构抗毁性的回归系数为显著负向（$\beta = -0.435$，$p < 0.005$），且模型的拟合优度增加了 14.9%，因此假设 H4a 得到支持，即集聚结构负向影响产业创新网络结构抗毁性。并且，模型 6 中技术群体关系耦合的回归系数与模型 2 相比，明显下降（$\beta = 0.755$，$p < 0.005$，v.s. $\beta = 0.524$，$p < 0.005$），因此假设 H5 得到部分支持，说明网络集聚结构在技术群体关系耦合与产业创新网络结构抗毁性的影响关系中起部分中介效应。

集聚结构在技术群体关系耦合与产业创新网络功能抗毁性关系中的中介效应：①模型 4 的结果已显示，技术群体关系耦合与产业创新网络功能抗毁性的回归系数为显著正向（$\beta = 0.697$，$p < 0.005$）。②模型 5 的结果已显示，技术群体的关系耦合与集聚结构的回归系数为显著负向（$\beta = -0.532$，$p < 0.005$）。③模型 7 的结果显示，网络集聚结构与产业创新网络的功能抗毁性的回归系数为显著负向（$\beta = -0.408$，$p < 0.005$），且模型的拟合优度增加了 12.1%，因此假设 H4b 得到支持，即集聚结构负向影响产业创新网络功能抗毁性。并且，模型 7 中技术群体关系耦合的回归系数与模型 4 相比，明显下降（$\beta = 0.697$，$p < 0.005$，v.s. $\beta = 0.475$，$p < 0.005$），因此假设 H6 得到部分支持，说明网络集聚结构在技术群体关系耦合与产业创新网络功能抗毁性之间起部分中介效应。

为了进一步检验中介变量集聚结构的间接效应，本研究参照普仁彻和海斯（Preacher & Hayes，2004）[266]的中介效应检验方法，通过 SPSS24.0 中 PROCESS 插件的 Bootstrap 程序，检验中介效应大小，结果如表 5.6 所示。该结果说明，技术群体关系耦合通过集聚结构影响产业创新网络结构抗毁性的间接效应为 0.2250，占总效应的 30.61%；而技术群体关系耦合通过集聚结构影响产业创新网络功能抗毁性的间接效应为 0.1955，占总效应的 30.98%。

表 5.6　　　　　　　　　　　　中介效应 Bootstrap 检验

被解释变量	间接效应	间接效应占比	Boot S. E.	Boot LLCI	Boot ULCI
NSI	0.2250	—	0.0356	0.1612	0.3021
NSI	—	0.3061	0.0526	0.2167	0.4273
NFI	0.1955	—	0.0371	0.1292	0.2755
NFI	—	0.3098	0.0759	0.1873	0.4878

注：随机抽样次数为 5 000 次，置信度为 95%。区间 ［Boot LLCI，Boot ULCI］不包含 0，表示结果显著。

　　以上中介效应的结果揭开了技术群体的关系耦合与产业创新网络抗毁性作用关系的部分黑箱。一方面，拓展了克雷斯波等（2014）[28]的研究，即技术群体的关系耦合会降低网络集聚结构的程度；另一方面，深化了欧兹坎和伊斯兰木（2014）[135]的观点，即高度集聚结构的网络会依赖某些核心成员，而且网络成员彼此之间缺乏相互的依赖与协作，因而产业创新网络遭受刻意冲击下的结构抗毁性较低。这说明，技术群体的关系耦合通过缓解网络中主体的地位差距稳定了网络内部关系，通过降低核心边缘的结构趋势促进了网络效率，以及通过增强知识、技术和资源的转移提升了风险蓄意冲击的抵御能力。因此，技术群体的关系耦合提升产业创新网络抗毁性的部分效应是通过降低网络集聚结构显现出来的。

　　但与王伟光等（2015）[12]的观点不一致，他们指出，集聚结构使得部分核心组织产生控制力，不仅主导着网络成员间关系的缔结还会塑造成员间协作体系，稳步推进着创新网络的发展与演化。可能的原因在于高水平的集聚结构所形成的高知识权力集中度，极易引发产业创新网络的知识锁定，一旦非核心层级的成员实现突破性创新，可能会颠覆整个产业创新网络。类似地，克雷斯波等（2016）[129]认为层级性是一种有效的网络结构，它可以建立不同网络主体之间的兼容性和操作性，从而减少系统的功能障碍、增强扩散能力。但这与本研究的结论不符，原因在于从核心企业治理的角度来看，协调其他成员能促进创新的有序扩散，但是从网络受到冲击的角度而言却恰好相反。

（3）内外向创新非对称广度、深度的调节效应检验结果

模型 8 的结果显示，内外向创新广度非对称（$\beta = -0.163$，$p < 0.01$）负向影响产业创新网络的结构抗毁性，并且模型 9 的结果显示，内外向创新广度非对称与技术群体关系耦合的交互项的回归系数为负向显著（$\beta = -0.301$，$p < 0.005$），假设 H7a 得到支持，即内外向创新广度非对称能调节技术群体关系耦合与产业创新网络结构抗毁性的作用关系。

模型 10 的结果显示，内外向创新深度非对称（$\beta = -0.042$）不直接影响产业创新网络的结构抗毁性，但模型 11 的结果显示，内外向创新深度非对称与技术群体关系耦合的交互项的回归系数为负向显著（$\beta = -0.501$，$p < 0.005$），假设 H8a 得到支持，即内外向创新深度非对称能调节技术群体关系耦合与产业创新网络结构抗毁性的作用关系。

模型 12 的结果显示，内外向创新广度非对称（$\beta = -0.025$）不直接影响产业创新网络的功能抗毁性，并且模型 13 的结果显示，内外向创新广度非对称与技术群体关系耦合的交互项的回归系数为负向显著（$\beta = -0.207$，$p < 0.05$），假设 H7b 得到支持，即内外向创新广度非对称能调节技术群体关系耦合与产业创新网络功能抗毁性的作用关系。

模型 14 的结果显示，内外向创新深度非对称（$\beta = -0.208$，$p < 0.05$）直接负向影响产业创新网络的功能抗毁性，并且模型 15 的结果显示，内外向创新深度非对称与技术群体关系耦合的交互项的回归系数为负向显著（$\beta = -0.347$，$p < 0.01$），假设 H8b 得到支持，即内外向创新深度非对称能调节技术群体关系耦合与产业创新网络功能抗毁性的作用关系。

以上研究结果说明，技术群体关系耦合与产业创新网络抗毁性之间的作用效果会随着网络中技术主体实施内向型与外向型开放式创新活动的广度和深度差异程度而权变。可见，网络中微观技术主体创新活动的群体性特征，会在中观社群互动与网络结构、网络结果的关系中产生作用。因而，在治理网络平稳运行的过程中，仅关注中观的技术群体之间交互依旧不够，还需把控产业中创新活动的整体表现，实施联合调控。

这一结果不仅验证了李莉等（2020）[234]的观点，即内外向开放式创新非对称在一定程度上会影响创新网络抗毁性，还进一步从网络结构和功能维度进行了拓展。实证结果说明，内外向创新广度非对称可以直接影响网络结构抗毁性，却不直接影响功能抗毁性；而内外向创新深度非对称直接影响网络功能抗毁性，而不是结构抗毁性。进一步地，通过探索内外向开放式创新非对称的调节效应，本研究在扩充产业层面开放式创新研究的同时，还从情境视角发现了其与中观技术群体、网络结果之间的权变效应。

为了更直观地揭示内外向创新广度非对称、内外向创新深度非对称与技术群体关系耦合之间的交互作用，分别取自变量和调节变量的高、低水平值（均值加、减一个标准差）绘制出如图 5.2 和图 5.3 所示的调节效应图。图 5.2（a）和（b）分别为内外向创新广度非对称对技术群体关系耦合与产业创新网络结构抗毁性和功能抗毁性之间作用关系的调节效应。如图所示：当产业创新网络中的技术主体实施内向型与外向型创新活动的广度差异较低时，技术群体关系耦合促进网络结构和功能抗毁性的作用就越明显。图 5.3（a）和（b）分别为内外向创新深度非对称对技术群体关系耦合与产业创新网络结构、功能抗毁性的调节效应。如图所示：当技术主体实施内外向创新活动的深度差异较低时，技术群体关系耦合促进网络的结构和功能抗毁性的作用也越明显。

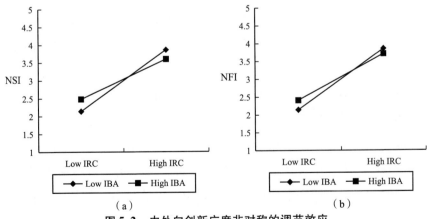

（a）   （b）

图 5.2　内外向创新广度非对称的调节效应

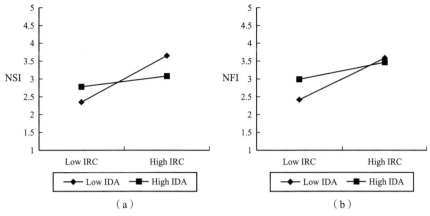

图 5.3　内外向创新深度非对称的调节效应

5.5　本章小结

本章将个体创新交互拓展到群体层面，验证了技术群体关系耦合是产业创新网络抗毁性的关键前因因素，丰富了中观社群交互与网络抗毁性的关系研究。通过诠释集聚结构的部分中介作用，在一定程度上揭开了二者关系的"黑箱"。本研究还将内外向开放式创新的广度和深度非对称作为调节变量引入，权变分析了其对技术群体关系耦合与产业创新网络抗毁性作用关系的调节效应。

首先在界定基本概念的基础上，结合现有文献提出 11 个研究假设，包括主效应、中介效应和调节效应。

其次，在对所有变量进行操作化测量之后，进行描述性统计和相关性分析，通过层级回归分析执行假设检验，发现 9 个假设得到支持，2 个假设得到部分支持。主要研究结论如下：（1）技术群体关系耦合正向影响产业创新网络的结构抗毁性和功能抗毁性，而且影响结构抗毁性的效用更强。（2）技术群体关系耦合会降低产业创新网络的集聚结构；集聚结构越明显，产业创新网络的结构抗毁性和功能抗毁性越弱；集聚结构在技术群体关系耦合与产业创新网络结构抗毁性、功能抗毁性的影响关系中起部分中介作用。集聚结构的间接中介效应占比结果说明，技术群体关系耦合通过集聚结构影响产业创新网络结构抗毁性的作用更大。（3）内外向创新广度非对称负向调节技术群体关系耦合与创新网络结构抗毁性和功能抗毁性的影响关系，内外向创新深度非对称负向调节技术群体关系耦合与创新网络结构抗毁性和功能抗毁性的影响关系。

再次，现有文献多从宏观网络结构属性如网络密度、网络层级、集聚结构、结构同质性，以及微观个体交互、核心企业治理等方面探究创新网络抗毁性的前因，却较少关注中观层面，但技术群体具有衔接全局网络和自中心网的重要研究价值，且交互的强弱也是造成网络失灵的主要因素。因此，本研究从网络社群层面，拓展了产业创新网络结构抗毁性和功能抗毁性的前因变量研究。此外，通过强调网络集聚结构的关键中介作用，本研究有助于更好地理解技术群体关系耦合影响产业创新网络抗毁性的内部机制。尽管现有文献对集聚结构与创新网络抗毁性的研究结论不一，一种基于核心成员治理的角度认为二者是正向关系，另一种则基于外部冲击视角认为是负向关系，但本研究有力支持了后一种观点。

最后，本研究揭示了产业内主体实施内向型和外向型开放式创新广度和深度的非对称，对技术群体关系耦合与产业创新网络抗毁性作用关系的调节作用，从而解释了为什么具有相似群间关系耦合的产业创新网络会维持不同的结构抗毁性和功能抗毁性。本研究为构建内外向开放式创新广度、深度非对称与技术群体关系耦合的适配模式，进而提高产业创新网络抗毁性提供了新的视角。

6 技术群体知识耦合对产业创新网络抗毁性的影响研究

6.1 问题提出

技术群体耦合不仅体现为以节点组织为核心要素的关系耦合活动，成员间知识耦合亦是网络视角下研究产业创新网络抗毁性的关键因素。网络结构流派的研究侧重关系构建与否，而网络连接流派侧重网络中所承载的资源、信息等，然而将二者对立起来并不能反映网络结构和功能的全貌。因此，本研究将二者统一起来，在关注技术群体之间关系搭建的同时也考虑知识流动。在本研究中，技术群体知识耦合定义为，产业创新网络中不同技术群体的成员在实施创新合作过程中具有互补性和兼容性的知识、技术和资源等要素的流动。

现有文献发现网络成员存在两种不同的连接倾向，同类匹配的观点认为应为趋同连接，而资源互补理论的观点认为应为趋异连接。前者认为具有相似属性的成员会集聚在一起，有助于知识共享和知识学习，而后者则认为网络成员会为了获取异质性知识资源而连接在一起，以获取非冗余资源赢得竞争优势。这分别体现了技术群体的内部成员知识共享属性和群外成员知识互补属性。结构同质性作为基础的结构属性，它提供了网络中成熟知识与新颖知识之间非层级连接的信息，被学者们认为是影响网络抗毁性的关键因素之一。那么，技术群体之间究竟进行着何种连接机制，彼此之间的知识耦合如何开展，又会对网络整体性能产生何种影响，学界鲜有探索。因此，本研究着重探讨网络结构同质属性，如何嫁接技术群体知识耦合和产业创新网络抗毁性的关系。

此外，技术群体知识耦合对产业创新网络抗毁性的影响还会受到产业外部技术动态性的制约。当产业创新网络处于高度动态的技术环境中时，技术群体内部成员为了维持竞争优势会加大对外部异质和互补知识、技术和资源的获取力度，以应对技术环境的变化，因而技术群体之间知识耦合的重要性凸显。但是，在知识耦合过程中，技术群体是否能快速地扩散、转移并匹配知识、技术和资源到真正互补的网络成员上，却可能受到技术动态性的冲击，从而导致网络关系断裂丧失结构抗毁性和影响网络功能的运转。当前，技术多样性作为情境变量，影响知识耦合与企业实施突破式创新的关系已被关注，分别从组织外的知识搜索和挖掘，组织内的知识吸收和整合这两个层面发挥作用。那么，拓展到创新网络层面，网络技术多样性如何与技术群体知识耦合的交互作用影响产业创新网络的结构抗毁性和功能抗毁性？这些问题尚缺乏进一步的探讨。

鉴于此，本章节旨在解决以下三个问题：①技术群体的知识耦合与产业创新网络结构抗毁性和功能抗毁性的直接作用关系；②结构同质性在技术群体知识耦合与产业创新网络结构抗毁性和功能抗毁性关系中的中介作用；③产业技术动态性和网络技术多样性在技术群体知识耦合与产业创新网络结构抗毁性和功能抗毁性关系中的调节作用。

6.2 研究假设与关系模型

（1）结构同质性

同质性是社会科学研究中历史最悠久的网络关系构建机制之一，即具有相似属性的伙伴之间易产生联系。通俗来讲就是"物以类聚，人以群分"（出自《周易·系辞上》），指具有相同或相似特征的个体或组织，较不同身份的个体或组织更容易建立彼此间的关系。邻近学派的观点认为，这些相似属性可以是社会邻近、制度邻近、组织邻近、地理邻近和认知邻近。[52]相似吸引理论学派认为，个体在行为与认知上的相似，会导致彼此之间的相互吸引和认同。[267]吉尔斯影等（2014）[72]指出，两种潜在的机制可以解释为什么联盟派系成员具有技术相似性：其一，择优连接机制，由于创新网络具有无标度性，因而企业倾向于与网络中关系密切的熟悉的成员合作；其二，认知邻近，随着联盟派系间成员的相互理解和认同，合作成本和风险大大降低，会进一步刺激成员间加强网络关联。网络结构学派注意到，网络中两个节点的相似性与它们之间的联系概率之间呈现正相关。威斯通等（Cestone et al.，2007）[268]的研究表明，风险投资机构往往更依赖于同质性机构对项目的判断来决定是否进行投资，从而形成同质性网络社群。罗吉和党兴华（2016）[106]指出，我国风险投资机构的网络社群在投资行业特征方面倾向于同质偏好，而在投资阶段和投资项目的地理分布特征方面倾向于异质偏好。德威普锐斯（Dev Pritha，2016）[269]认为，网络社群是节点由于某种同质性聚集而成。

结构同质性，在复杂网络中被称为网络同配性（assortative）或度相关性，刻画了网络中成员趋同连接的程度。如果网络三方闭合的趋同连接倾向大于桥关系的异质连接倾向，表明该网络的结构同质性较强，为趋同型网络。[28]研究表明，度相关的无标度网络中的信息传播速度，远远高于在度非相关的无标度网络中的传播速度。[270]当网络嵌入度较高的成员与相似成员建立关系时，网络的结构同质性会呈现增强的趋势；而当网络嵌入度较高的成员与相异成员建立关系时，结构同质性则会降低。通常，高度嵌入网络的成员为了进一步扩大网络声望和规避合作中的不确定风险，更倾向于与具有类似嵌入度的成员结成伙伴关系。这种伙伴选择倾向虽然可以降低监督成本和机会主义行为的风险，有利于网络规范和技术标准的形成[54]，但却可能造成两个不利于创新网络运行的结果：其一，极易因高嵌入度成员彼此间的过度依赖和知识流动的过度冗余，使创新网络陷入自我遏制和负锁定的困境[271]；其二，不可避免地丧失一些与低嵌入度成员开展优势整合的机会，致使网络的创新活力受到损害，影响网络功能。相反，在非趋同的网络中，不仅核心组织更加开放，而且拥有破坏性知识的边缘组织可以从经验丰富的核心组织中获益，共同提高知识组合的机会。[272]

（2）产业技术动态性

技术动态性，也称技术动荡。戈岑（2007）[273]认为，技术动荡表示技术不可预测的变化，如产品和技术的生命周期变化、技术进步与变革的速率等；坎迪等（Candi et al.，2013）[274]区分了企业创新项目过程中面临项目不确定性这一内部技术动荡，和企业所处环境的外部技术动荡。王媛等（2020）[275]认为，技术动荡性是指技术变化呈现的不确定性、复杂性和难以预测性。本文所指的技术动荡是产业创新网络所处的外部技术环境的波动。低技术动态性意味着企业所处行业的技术发展周期较长，技术革新的速度较慢，行业竞争程度不高，企业可以更从容应对技术环境不确定带来的风险。快速变化的技术环境具有产品开发周期短、技术更新快的特点，这可能为企业创造建立优越竞争地位的机会，也可能由于不确定性面临创新成果"过时"的风险，导致高失败率。[276]

（3）网络技术多样性

知识基础观认为，技术多样性体现了知识基础的多元化程度。李等（2015）[277]认为，技术多样性是指重点企业与其联盟伙伴在技术能力上的差异。温等（2020）[278]指出，组织间研发网络的知识多样性是指网络中不同知识元素的构成程度，以及这些知识元素的频次分布。以往有关技术多样性或多元化的研究多聚焦在如何影响企业双元创新上，并形成两种相悖的观点：一种观点认为，技术多样性提供了异质和互补的知识交流共享环境，能扩充企业可触及的知识范围，从而创造出具有创新性的新产品和服务；而另一种观点则认为，技术多样性并未提升知识的规模经济效应，反而会由于知识协调成本的增加而不易于创新。[279]另外，技术多样性在创新扩散的研究中，被认为可以缓解由于过度交互带来的知识冗余弊端。本研究认为，网络技术多样性是产业创新网络中技术种类的多样化程度。

6.2.1　技术群体知识耦合与产业创新网络结构抗毁性

首先，技术群体实施知识耦合过程中，需要跨越边界寻找、识别和获取具有一定互补性的知识元素，这拓宽了网络成员开展知识搜索与匹配的范围，影响着网络关系的连通性。其次，知识流动的空间性能够缩短技术群体之间的知识距离，改良网络中不同群体间由于知识差距过大而产生的知识空间松散，以及创新协调过程中知识差距无法填补等缺陷[280]，进而优化创新网络中的知识流动渠道。最后，技术群体的知识耦合能够促进异质资源在不同技术群体之间的流通，减轻群体内部亲密的趋同效应，如从众、激进主义和敌意，避免产业创新网络的僵化。据此，提出假设1：

H1：技术群体的知识耦合正向影响产业创新网络结构抗毁性。

6.2.2　技术群体知识耦合与产业创新网络功能抗毁性

技术群体的知识耦合实质是上具有互补性和兼容性的知识在群体之间不断流通，以实现有效共享和协同，从而达到知识资源的优化重组，实现知识创新和增值的过程。这稳固了产业创新网络的功能抗毁性，具体表现为知识水平和知识流动速度。[281]一方面，技术群体知识耦合程度越高，表明群体成员能跨越知识存量的差异，进行相容性知识的共享程度越大。知识共享次数越多，不仅知识的使用成本越低，还缩短了彼此之间的网络距离，越能实现知识的网络效应[282]，从而有利于知识转移速率的加快，提高网络功能抗毁性。另一方面，知识耦合说明不同群体的成员具备着知识兼容性，技术群体借助相互学习的方式高效整合、利用异质性资源，形成新的价值，从而扩充创新网络的知识水平。据此，提出假设2：

H2：技术群体的知识耦合正向影响产业创新网络功能抗毁性。

6.2.3 结构同质性的中介效应

（1）技术群体知识耦合与网络结构同质性

技术群体的知识耦合会弱化网络的结构同质性。第一，技术群体知识耦合遵循桥连接策略实施跨群边界的创新活动，这降低了网络形成核心－边缘结构的可能性，因而会减少创新网络的结构同质性。近似搜索和同质连接机制，驱使着技术主体在熟悉的技术群体中实施创新交互活动，从而形成局部紧密的网络关系。因而，闭包策略在创新网络中盛行时，高嵌入度的技术主体在优先连接机制的助力下，呈现出"富者愈富"的态势，使得网络结构分化为紧密耦合的核心部分和松散连接的边缘部分。但是，随着创新网络演化过程中新来者的进入和关系重组，技术主体会逐渐缓解群内成员过度凝聚的弊端，并采取跨群体的耦合活动接收外部新鲜知识的流入，从而建立起网络核心与边缘之间知识扩散的路径。尽管存在知识基础差异和合作不确定性的风险，但是核心－边缘部分的成员是通过"爬行策略"（creeping strategy）建立合作关系的，即处于核心结构的技术主体在发现新的、破坏性的机会时会与边缘结构的新成员建立连接。[28]因此，从网络整体来看，异质连接的桥接策略强于同质连接的闭包策略，因而网络的结构同质性会降低。

第二，技术群体知识耦合是群内成员为了获取非冗余资源而采取的跨群体知识搜索、匹配并耦合的过程，这一异质性知识交互活动降低了网络成员趋同连接的趋势，因而会削弱网络的结构同质性。由于技术群体的形成可归因于趋同选择效应，即具有相似技术源的主体更倾向于与具有相似知识属性的网络成员结成群体，而技术距离较大的成员之间由于共同知识基础的缺乏，会面临较高的关系维护成本导致组团失败。[283]但是，由于群内成员的知识共享过度镶嵌在小团体之中，使得知识相对冗余、低价值和闭塞，而群外关系则为获取新颖知识提供了新的渠道。因此，群内成员寻求外部合作伙伴开展异质性知识流耦合成为必然趋势。尽管这一耦合效应会相对较弱，但有证据表明，随着时间的积累，将会呈现出频繁和持久的特征，从而对降低产业创新网络整体的结构同质性发挥出实质效应。[71]据此，提出假设3：

H3：技术群体知识耦合负向影响产业创新网络的结构同质性。

（2）网络结构同质性与产业创新网络抗毁性

结构同质性越高，越不利于产业创新网络的平稳运行。第一，结构同质性较高的创新网络往往具有较为明显的核心 - 边缘结构，而核心组织与边缘组织间连接的匮乏使得这一网络形态在遭遇外部冲击时极易被损毁。根据网络理论，一定程度的趋同连接是创新网络形成的必然趋势，然而过度趋同造成网络成员向核心组件高度凝聚，从而形成核心企业控制力，操控着网络演化和技术轨道的方向。一方面，当产业外部环境剧烈动荡冲击到核心成员时，与之建立合作关系的成员将被迫遭遇网络关系断裂，使得整个网络的运行极不稳定；[33]另一方面，处于从属位置的非核心成员可能出现技术盲从或者技术反叛的两面性，而后者容易引发网络内部冲突，使网络的稳定面临震荡[93]，因而不利于产业创新网络的结构抗毁性。

第二，具有较高结构同质性的创新网络降低了探索新知识的能力，会使得网络陷入封闭和知识锁定的陷阱，损害网络创新扩散能力。尽管网络的趋同连接机制为处于核心边缘结构的组织之间建立起知识流通渠道的可能性，但由于网络中具有类似知识基础的网络成员更容易成为紧密合作伙伴。这一因循守旧的关系模式，使得网络核心与边缘组织间的开放性不足，缺乏足够的结构孔提供新颖知识。不仅如此，处于网络边缘位置的新兴中小型组织产生的探索性知识并不能及时传递到核心成员，因而逐渐造成网络成员的短视和资源冗余，致使网络知识无法及时更新、甚至僵化。[271] 相反，具有一定结构异质性的网络，不仅核心结构更为开放化，而且拥有非冗余、破坏性知识的边缘组织可以从核心组织中获得更大的收益，从而找到知识组合的机会，促进网络知识的全局流通，降低网络的保守主义风险。据此，提出假设 4a 和假设 4b：

H4a：网络结构同质性负向影响产业创新网络的结构抗毁性。

H4b：网络结构同质性负向影响产业创新网络的功能抗毁性。

（3）结构同质性的中介效应

结合以上分析，本研究认为，技术群体的知识耦合对创新网络的结构抗毁性和功能抗毁性的影响是通过结构同质性间接发挥出来的。技术群体之间的知识耦合活动是在获取异质性资源的动机下驱使开展，这意味着耦合关系的建立属于异配连接，因而会降低整体网络的结构同质性。从网络动态演化视角来看，持续的成员进入、退出网络以及创新交互关系的生成、断裂均存在，优先连接机制的关系构建策略对网络成长起到了促进作用，因而一定程度的结构同质性属于网络发展阶段中必然且有利的现象。不过，随着网络向成熟进化，先前固定的交互模式和较高的外部节点退出概率，将大大弱化创新网络稳定运行的可能性。[272] 其一，如果没有突破性或颠覆性的新技术知识的引入，产业会逐渐衰落，创新网络则会消亡。其二，如果新技术被网络核心组织引入，那么垄断性集聚的态势会加剧，创新网络的运行会被其主导，难以抵御核心组织失灵带来的冲击；反之，如果处于边缘的中小组织引入了新技术，那么整个产业将会被重新洗牌，网络可能陷入新一轮的不稳定，甚至被瓦解。[128] 结合以上分析，提出假设 5 和假设 6：

H5：网络结构同质性在技术群体知识耦合与产业创新网络结构抗毁性的关系中起中介作用。

H6：网络结构同质性在技术群体知识耦合与产业创新网络功能抗毁性的关系中起中介作用。

6.2.4 产业技术动态性的调节效应

本研究预计，产业技术动态性在技术群体知识耦合与产业创新网络结构抗毁性的作用关系中起负向调节作用。第一，较高的产业技术动态性会削弱技术群体知识耦合通过缓解内部同质化提升网络适应性的能力。由于技术群体内部成员拥有较为冗余和同质化的资源，在产业技术动态性较高时，技术群体的知识耦合较难为网络中成员提供足够的异质和多样性的资源，去应对知识过时的风险[284]，这削弱了技术群体之间的知识、技术和资源流动带来的网络适应性。第二，较高的产业技术动态性会弱化技术群体的知识耦合通过降低关系断裂风险，来稳固网络结构抗毁性的能力。技术动态性较高的情况下，尽管异质资源为耦合提供了充足动力，但技术群体耦合关系的建立和维持需要花费较为昂贵的成本[285]，这弱化了技术群体间知识耦合通过多维路径规避网络知识锁定的能力。

本研究预计，产业技术动态性在技术群体知识耦合与产业创新网络功能抗毁性的作用关系中起负向调节作用。第一，技术环境的动荡会毁灭企业现存知识的价值潜能，从而降低技术群体知识耦合提升成员间联合依赖水平以增强网络效率的能力。第二，较高的产业技术动态性需要技术主体实时调整和转换技术轨道，然而技术群体知识耦合产生的专有资产需要较高的转化成本[286]，导致较难及时与拥有新型互补资源的成员匹配，因此进一步降低了技术群体间联合依赖提高网络效率的可能性。当产业所处的技术环境相对稳定时，企业有充分的资源和能力去整合互补性技术从而促进创新扩散。据此，提出假设7a和假设7b：

H7a：产业技术动态性负向调节技术群体知识耦合对产业创新网络结构抗毁性的影响。

H7b：产业技术动态性负向调节技术群体知识耦合对产业创新网络功能抗毁性的影响。

6.2.5　网络技术多样性的调节效应

具有多样性技术的产业创新网络，表明网络成员涉足的技术领域较多[287]，能够使技术主体克服"本地搜寻"的局限，更有效地嵌入网络进行技术知识的重新配置或激活。这种网络环境，不仅有益于技术主体脱离固定知识框架进行思考，通过远程搜索获得异质性知识来重组、创造新的知识[288]；还可以降低技术主体从特定环境中获取知识进行不适当泛化的风险，避免被锁定在特定技术领域[289]；此外，多样性的技术还提升了知识互补的可能性，从而弥补网络成员自身技术缺口，实现协同效应。

本研究预计，网络技术多样性在技术群体知识耦合与产业创新网络的结构和功能抗毁性的关系中起着正向调节作用。当网络技术多样性较低时，技术群体与所接触合作伙伴的知识基础较为重叠，知识结构高度相似，群体之间可转移和共享的知识存量小。因而技术主体搭建跨群关系实现网络整体连通性的意愿不强，且由于实施群间知识耦合获取异质性知识资源的可能性降低，不利于网络功能抗毁性的维护。而随着网络技术多样性程度的提高，各群体间的技术差异程度增加，技术主体易于从网络中获取多样化的非重复知识，并通过有效整合促成创新，因而构建技术群体之间知识耦合通道的意愿强烈，从而增强创新网络结构并使功能抗毁性的作用得到放大。据此，提出假设8a和假设8b：

H8a：网络技术多样性正向调节技术群体知识耦合与产业创新网络结构抗毁性的关系。

H8b：网络技术多样性正向调节技术群体知识耦合与产业创新网络功能抗毁性的关系。

本研究框架如图6.1所示，共计11个研究假设。其中，技术群体知识耦合为自变量，结构同质性为中介变量，产业创新网络的结构抗毁性和功能抗毁性为因变量，产业技术动态性和网络技术多样性为调节变量。

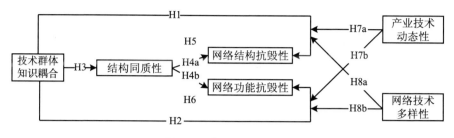

图 6.1 变量间关系模型

6.3 变量测量

6.3.1 被解释变量

被解释变量为创新网络结构抗毁性（network structural invulnerability，NSI）和创新网络功能抗毁性（network functional invulnerability，NFI），其测量办法分别如公式（5.1）和公式（5.2）所示。

6.3.2 解释变量

解释变量为技术群体的知识耦合（intergroup knowledge coupling，IKC），其测量办法如公式（4.2）所示。

6.3.3 中介变量

结构同质性（network structural homogeneity，NSH）指的是网络成员趋同连接的程度，当高（低）度中心性的组织倾向于与其他高度（低）中心性的组织形成创新交互关系时，网络是强结构同质性的。借鉴克雷斯波等（2014）[28] 的测量办法，采用创新网络中所有技术主体的同配性指数的均值来衡量，其中，个体同配性计算的是该主体的度中心性与其局部邻域主体的平均度中心性之间关系的比值。该指标的数值越大，表示产业创新网络的结构同质性越强；该指标的数值越小，则表示异配连接趋势越强。计算公式如下：

$$Network\_structural \ homogeneity \ = \ \sum_{M} \frac{\bar{k_i}}{k_i} \bigg/ M \qquad (6.1)$$

式中，$\bar{k_i}/k_i$ 衡量了技术主体 i 的同配性指数。其中，k_i 为技术主体 i 的度数中心性；$\bar{k_i} = \frac{1}{k_i} \sum_{j \in V_i} k_j$ 为技术主体 i 的邻域 V_i 内所有主体的平均度中心性。

6.3.4 调节变量

（1）产业技术动态性

产业技术动态性（industry technological turbulence，ITT）较高，意味着行业内的技术更新速度较快。以往研究主要采用三种方法衡量技术动态性：第一种是问卷调查法，即通过设计量表来访问管理者对行业技术变革、产品更迭以及技术突破速率的看法[290,291]，但该方法不够客观；第二种是用研发强度（R&D intensity）作为代理变量，但云等（2019）[213]认为研发强度仅表示技术不确定的一部分，不能涵盖全貌；第三种是采用专利变化率来测度，该方法能有效地反映一个特定行业的专利随时间相对变化的趋势，尽管主导企业可能会影响整个产业的专利数量。[273]因而，借鉴戈岑（2007）[273]的测量办法，技术动态性采用产业创新网络的专利总量随时间的相对变化百分比来进行测量。它表征的是每个产业创新网络所处的技术环境的相对变化程度。计算公式如下：

$$Industry\_technological \ turbulence = \frac{NP_{t+1} - NP_t}{(NP_{t+1} + NP_t)/2} \qquad (6.2)$$

式中，NP_t 表示 t 窗口期专利引用网络中的专利总量。

（2）网络技术多样性

网络技术多样性是产业创新网络中技术种类的多样化程度。技术多样性（network technological diversity，NTD）的测量办法有很多种，如陈（Chen et al.，2012）[292]、卡纳布奇（Carnabuci et al.，2013）[293]采用Teachman熵值法度量企业所掌握的知识在许多不同技术领域的分散程度，魏江等（2013）[294]应用企业每年获得专利的主分类号字母作为测量技术多样性，赵等（Chiu et al.，2008）[295]、云等（2019）[213]基于赫芬达尔－赫希曼指数（HHI）采用国际专利分类的主分类号作为分类标准度量技术多样性。目前，学者们比较广泛通用的技术多样性度量方法是从行业集中度指标演化而来的，即1减去HHI的数值，计算公式为：

$$Network\_technological\ diversity_{kt} = 1 - \sum_{i=1}^{n} p_i^2 \qquad (6.3)$$

式中，n 表示技术主体拥有的 IPC 专利分类的主分类号的数量；p_i 表示第 i 种专利类别的专利数在总专利数中所占的比例。

6.3.5　控制变量

本研究从产业创新网络、技术群体角度引入了控制变量，包括网络规模、网络密度（计算如公式 5.6 所示）和技术群体的内部凝聚水平（计算如公式 4.8 所示）。

6.4　数据分析与结果讨论

6.4.1　相关分析

变量的描述性统计与相关性分析如表 6.1 所示，包括均值、标准差和相关系数。从表中可观察到各自变量之间的相关系数基本在 0.7 以内，

表 6.1 变量的描述性统计与相关性分析

变量	NS	ND	GC	IKC	NTD	ITT	NSH	NSI	NFI
NS	1								
ND	-0.061	1							
GC	-0.258**	0.419**	1.000						
IKC	0.465**	0.290**	0.202*	1.000					
NTD	-0.247**	0.094	0.127	-0.054	1.000				
ITT	-0.364**	0.172	0.050	-0.114	0.608**	1.000			
NSH	-0.623**	0.185*	0.220*	-0.512**	0.261**	0.378**	1.000		
NSI	0.321**	0.394**	0.233**	0.556**	-0.077	-0.105	-0.468**	1.000	
NFI	0.077	0.436**	0.247**	0.408**	0.109	0.132	0.046	0.418**	1.000
均值	45.352	1.820	0.341	248.432	0.137	0.124	0.443	5.643	0.880
标准差	15.687	1.781	0.596	221.294	0.315	0.114	0.030	4.049	0.074

注：$N=138$ **. 在 0.01 水平上显著相关；* 在 0.05 水平上显著相关。

说明不存在变量自相关的问题。在进入回归模型之前，本研究首先对技术群体知识耦合以及产业技术动态性和网络技术多样性进行标准化处理，然后构建交互项执行回归分析。结果显示，所有变量 VIF 值都在可接受的范围内，未表现出明显的多重共线性。

6.4.2　假设检验

首先，分别以产业创新网络的结构抗毁性和功能抗毁性为因变量，共构建 4 个模型来检验主效应。其中，模型 1 和模型 3 仅包含控制变量，模型 2 和模型 4 分别检验技术群体知识耦合对产业创新网络结构抗毁性、功能抗毁性的关系。模型展示如下，回归分析的结果如表 6.2 所示。

$$NSI = \beta_0 + \beta_1 NS + \beta_2 ND + \beta_3 GC + \varepsilon \qquad （模型 1）$$

$$NSI = \beta_0 + \beta_1 NS + \beta_2 ND + \beta_3 GC + \beta_4 IKC + \varepsilon \qquad （模型 2）$$

$$NFI = \beta_0 + \beta_1 NS + \beta_2 ND + \beta_3 GC + \varepsilon \qquad （模型 3）$$

$$NFI = \beta_0 + \beta_1 NS + \beta_2 ND + \beta_3 GC + \beta_4 IKC + \varepsilon \qquad （模型 4）$$

表 6.2　　　　　　　　　　　　主效应的回归分析结果

变量		模型 1	模型 2	模型 3	模型 4
		NSI （被解释变量）	*NSI* （被解释变量）	*NFI* （被解释变量）	*NFI* （被解释变量）
控制变量	*NS*	0.367 *** (4.493)	0.263 *** (4.833)	0.005 (0.061)	0.306 *** (3.339)
	ND	0.315 *** (3.633)	0.008 (0.168)	0.406 *** (4.418)	0.321 *** (3.818)
	GC	0.193 * (2.150)	0.129 * (2.461)	0.071 (0.743)	0.061 (0.694)
解释变量	*IKC*		0.698 *** (12.711)		0.470 *** (5.083)

续表

变量	模型1 NSI （被解释变量）	模型2 NSI （被解释变量）	模型3 NFI （被解释变量）	模型4 NFI （被解释变量）
R^2	0.282	0.767	0.194	0.340
调整 R^2	0.263	0.759	0.173	0.318
△调整 R^2	—	0.496	—	0.140
F 值	15.281***	98.759***	9.380***	15.433***

注：N=127. 由于自变量（t窗口）与因变量（$t+1$窗口）存在1个时间窗口期的滞后，因而138个合格样本进入回归模型时变为127个（下同）。***、**、*分别在0.005、0.01、0.05水平上显著相关。

其次，借鉴巴伦和肯尼（Baron & Kenny，1986）[296]的中介效应检验方法，本研究构建了4个模型检验结构同质性在上述关系中的中介效应。其中，模型5检验技术群体知识耦合对结构同质性的直接影响，模型6在模型2的基础上加入结构同质性，模型7在模型4的基础上加入结构同质性。模型展示如下，回归分析的结果如表6.3所示。

$$NSH = \beta_0 + \beta_1 NS + \beta_2 ND + \beta_3 GC + \beta_4 IKC + \varepsilon \qquad （模型5）$$

$$NSI = \beta_0 + \beta_1 NS + \beta_2 ND + \beta_3 GC + \beta_4 IKC + \beta_5 NSH + \varepsilon \qquad （模型6）$$

$$NFI = \beta_0 + \beta_1 NS + \beta_2 ND + \beta_3 GC + \beta_4 IKC + \beta_5 NSH + \varepsilon \qquad （模型7）$$

表6.3　　　　　　　　中介效应的回归分析结果

变量		模型5 NSH（中介变量）	模型6 NSI（被解释变量）	模型7 NFI（被解释变量）
控制变量	NS	-0.553*** (-8.044)	-0.215** (-2.636)	-0.414*** (-3.663)
	ND	0.259*** (4.116)	0.288*** (4.466)	0.369*** (4.139)
	GC	0.037 (0.555)	0.029 (0.459)	-0.055 (-0.627)

续表

变量		模型 5	模型 6	模型 7
		NSH（中介变量）	NSI（被解释变量）	NFI（被解释变量）
解释变量	IKC	-0.337^{***} (-4.864)	0.566^{***} (7.793)	0.405^{***} (4.030)
中介变量	NSH		-0.393^{***} (-4.504)	$-0.199^{†}$ (-1.641)
R^2		0.629	0.777	0.353
调整 R^2		0.616	0.763	0.326
△调整 R^2		0.072	0.004	0.005
F 值		50.786^{***}	46.764^{***}	12.977^{***}

注：N = 127. ***、**、*、† 分别在 0.005、0.01、0.05 和 0.1 水平上显著相关。

再次，以产业创新网络的结构抗毁性为因变量，构建 4 个模型检验调节效应。模型 8 在模型 2 的基础上加入产业技术动态性，模型 9 在模型 8 的基础上加入产业技术动态性与技术群体知识耦合的交互项以检验调节效应，模型 10 在模型 2 的基础上加入网络技术多样性，模型 11 在模型 10 的基础上加入网络技术多样性与技术群体知识耦合的交互项以检验调节效应。模型展示如下，回归分析的结果如表 6.4 所示。

$$NSI = \beta_0 + \beta_1 NS + \beta_2 ND + \beta_3 GC + \beta_4 IKC + \beta_5 ITT + \varepsilon \qquad （模型 8）$$

$$NSI = \beta_0 + \beta_1 NS + \beta_2 ND + \beta_3 GC + \beta_4 IKC + \beta_5 ITT + \beta_6 ITT \times IKC + \varepsilon$$
$$（模型 9）$$

$$NSI = \beta_0 + \beta_1 NS + \beta_2 ND + \beta_3 GC + \beta_4 IKC + \beta_5 NTD + \varepsilon$$
$$（模型 10）$$

$$NSI = \beta_0 + \beta_1 NS + \beta_2 ND + \beta_3 GC + \beta_4 IKC + \beta_5 NTD + \beta_6 NTD \times IKC + \varepsilon$$
$$（模型 11）$$

表6.4 调节效应的回归分析结果

变量		模型8 NSI（被解释变量）	模型9 NSI（被解释变量）	模型10 NSI（被解释变量）	模型11 NSI（被解释变量）
控制变量	NS	0.251 *** (4.500)	0.258 *** (4.673)	0.252 *** (4.305)	0.270 *** (4.668)
	ND	0.012 (0.234)	0.008 (0.168)	0.014 (0.279)	0.024 (0.470)
	GC	0.130 * (2.482)	0.140 * (2.695)	0.125 * (2.344)	0.132 * (2.528)
解释变量	IKC	0.700 *** (12.746)	0.692 *** (12.712)	0.699 *** (12.686)	0.675 *** (12.293)
调节变量	ITT	−0.048 (−1.051)	−0.075 (−1.590)		
	NTD			−0.027 (−0.554)	−0.062 (−1.234)
交互项	ITT * IKC		−0.091† (−1.975)		
	NTD * IKC				0.113 * (2.437)
	R²	0.769	0.777	0.768	0.779
	调整 R²	0.759	0.765	0.758	0.767
	△调整 R²	0.000	0.006	0.000	0.008
	F 值	79.297 ***	68.343 ***	78.612 ***	69.220 ***

注：$N = 127$. *** 、 ** 、 * 、† 分别在 0.005、0.01、0.05 和 0.1 水平上显著相关。

最后，以产业创新网络的功能抗毁性为因变量，构建4个模型检验调节效应。模型12在模型4的基础上加入产业技术动态性，模型13在模型12的基础上加入产业技术动态性与技术群体知识耦合的交互项，模型 14 在模型 4 的基础上加入网络技术多样性，模型 15 在模型 14 的基础上加入网络技术多样性与技术群体知识耦合的交互项。模型展示如下，回归分析的结果如表 6.5 所示。

$$NFI = \beta_0 + \beta_1 NS + \beta_2 ND + \beta_3 GC + \beta_4 IKC + \beta_5 ITT + \varepsilon$$

（模型 12）

$$NFI = \beta_0 + \beta_1 NS + \beta_2 ND + \beta_3 GC + \beta_4 IKC + \beta_5 ITT + \beta_6 ITT \times IKC + \varepsilon$$

（模型 13）

$$NFI = \beta_0 + \beta_1 NS + \beta_2 ND + \beta_3 GC + \beta_4 IKC + \beta_5 NTD + \varepsilon$$

（模型 14）

$$NFI = \beta_0 + \beta_1 NS + \beta_2 ND + \beta_3 GC + \beta_4 IKC + \beta_5 NTD + \beta_6 NTD \times IKC + \varepsilon$$

（模型 15）

表 6.5　　　　　　　　　　　　调节效应的回归分析结果

变量		模型 12	模型 13	模型 14	模型 15
		NFI（被解释变量）	NFI（被解释变量）	NFI（被解释变量）	NFI（被解释变量）
控制变量	NS	0.296 *** (3.144)	0.282 *** (3.044)	0.294 *** (2.989)	0.251 ** (2.650)
	ND	0.318 *** (3.767)	0.311 *** (3.753)	0.315 *** (3.651)	0.337 *** (4.098)
	GC	0.062 (0.701)	0.042 (0.482)	0.057 (0.634)	0.039 (0.456)
解释变量	IKC	0.468 *** (5.046)	0.452 *** (4.945)	0.468 *** (5.042)	0.409 *** (4.550)
调节变量	ITT	-0.039 (-0.509)	0.014 (0.173)		
	NTD			-0.027 (-0.334)	0.057 (0.693)

变量		模型 12	模型 13	模型 14	模型 15
		NFI（被解释变量）	*NFI*（被解释变量）	*NFI*（被解释变量）	*NFI*（被解释变量）
交互项	*ITT * IKC*		− 0. 178 *（ − 2. 310）		
	*NTD * IKC*				0. 276 **（3. 623）
R²		0. 341	0. 370	0. 340	0. 406
调整 R²		0. 313	0. 338	0. 313	0. 376
△调整 R²		0. 001	0. 025	0. 000	0. 063
F 值		12. 322 ***	11. 531 ***	12. 277 ***	13. 461 ***

注：N = 127. ***、**、* 分别在 0. 005、0. 01、0. 05 和 0. 1 水平上显著相关。

6. 4. 3 结果与讨论

（1）主效应检验结果

模型 1 的结果显示，网络规模（$\beta = 0.367$，$p < 0.005$）、网络密度（$\beta = 0.315$，$p < 0.005$）和群内凝聚（$\beta = 0.193$，$p < 0.05$）显著正向影响产业创新网络的结构抗毁性。模型 2 的结果显示，技术群体知识耦合与产业创新网络结构抗毁性的回归系数为显著正向（$\beta = 0.698$，$p < 0.005$），且模型的拟合优度增加了 49. 6%，假设 H1 得到支持，即技术群体知识耦合正向影响产业创新网络结构抗毁性。

从模型 3 的结果来看，网络密度（$\beta = 0.406$，$p < 0.005$）对产业创新网络功能抗毁性呈现显著正向影响，网络规模（$\beta = 0.005$）和群内凝聚性（$\beta = 0.071$）的回归系数不显著。模型 4 的结果显示，技术群体知识耦合与产业创新网络功能抗毁性的回归系数为显著正向（$\beta = 0.470$，$p < 0.005$），且模型的拟合优度增加了 14%，假设 H2 得到支持，即技术群体知识耦合正向影响产业创新网络功能抗毁性。通过对比可知，技术

群体知识耦合影响产业创新网络结构抗毁性的效应大于功能抗毁性。

这一结果说明，技术群体的知识耦合有助于群间互补性和兼容性知识在原本稀疏群间关系上的流通，从而优化了网络的知识传递路径，促进了产业创新网络的结构抗毁性；同时，通过扩充网络中可流动的知识水平和速率增强了产业创新网络的功能抗毁性。这从知识耦合的视角进一步深化了李莉等（2020）[38]关于技术群体耦合与产业创新网络抗毁性的关系研究。同时，过去有关知识耦合的研究，多聚焦在耦合机制、过程上，就其结果的研究较少关注知识耦合对创新活动的影响[297]，因此本研究将知识耦合的结果研究拓展至网络运行结果层面也是一个重要突破。

（2）结构同质性的中介效应

结构同质性在技术群体知识耦合与产业创新网络结构抗毁性关系中的中介效应：①模型2的结果已显示，技术群体知识耦合与产业创新网络结构抗毁性的回归系数为显著正向（$\beta = 0.698$，$p < 0.005$）。②模型5的结果显示，技术群体的知识耦合与网络结构同质性的回归系数为显著负向（$\beta = -0.337$，$p < 0.005$），且模型的拟合优度增加了7.2%，假设H3得到支持，即技术群体知识耦合负向影响产业创新网络的结构同质性。③模型6的结果显示，结构同质性与产业创新网络结构抗毁性的回归系数为显著负向（$\beta = -0.393$，$p < 0.005$），H4a得到支持，即网络结构同质性负向影响产业创新网络的结构抗毁性。并且，技术群体知识耦合的回归系数与模型2相比明显下降（$\beta = 0.698$，$p < 0.005$，v.s.$\beta = 0.566$，$p < 0.005$），因此假设H5得到部分支持，说明网络结构同质性在技术群体知识耦合与产业创新网络结构抗毁性之间起部分中介效应。

结构同质性在技术群体知识耦合与产业创新网络功能抗毁性关系中的中介效应：①模型4的结果显示，技术群体知识耦合与产业创新网络功能抗毁性的回归系数为显著正向（$\beta = 0.470$，$p < 0.005$）。②模型5的结果显示，技术群体的知识耦合与网络结构同质性的回归系数为显著负向（$\beta = -0.337$，$p < 0.005$）。③模型7的结果显示，结构同质性与

产业创新网络的功能抗毁性的回归系数为显著负向（$\beta = -0.199$，$p <$ 0.1），假设 H4b 得到支持，即网络结构同质性负向影响产业创新网络功能抗毁性。并且，技术群体知识耦合的回归系数与模型 4 相比明显下降（$\beta = 0.470$，$p < 0.005$，v. s. $\beta = 0.405$，$p < 0.005$），因此假设 H6 得到部分支持，说明网络结构同质性在技术群体知识耦合与产业创新网络功能抗毁性之间起部分中介效应。

为了进一步检验中介变量集聚结构的间接效应，本研究参照普仁彻和海斯（2004）[266]的中介效应检验方法，通过 SPSS24.0 中 PROCESS 插件的 Bootstrap 程序，检验中介效应的大小，结果如表 6.6 所示。该结果说明，技术群体知识耦合通过结构同质性影响创新网络抗毁性的间接效应为 0.1264，占总效应的 19.00%；而技术群体知识耦合通过结构同质性影响创新网络抗毁性的间接效应为 0.0599，占总效应的 14.18%。

表 6.6　　　　　　中介效应 Bootstrap 检验

被解释变量	间接效应	间接效应占比	Boot S. E.	Boot LLCI	Boot ULCI
NSI	0.1264	—	0.0414	0.0576	0.2210
NSI	—	0.1900	0.0680	0.0831	0.3483
NFI	0.0599	—	0.0341	0.0135	0.1283
NFI	—	0.1418	0.1564	0.0245	0.3553

注：随机抽样次数为 5 000 次，NSI 对应的置信度为 95%，NFI 对应置信度为 90%。区间 [Boot LLCI，Boot ULCI] 不包含 0，表示结果显著。

以上研究结果说明，技术群体为了避免内部成员过度频繁交互造成的知识锁定效应，会采取跨群桥接并实施知识耦合策略来获取异质性资源，这减少了网络的结构同质性倾向。进一步地，结构同质性较高带来了网络层级，从而使产业创新网络难以应对核心组织失灵带来的风险；并且随着网络成熟，将极易走向封闭和知识锁定的局面，不利于产业创新网络结构的平稳和功能运行。先前的研究（Kang 和 Hwang，2016；Crespo 等，2016）[129,138]虽然指出了结构同质性对网络平稳运行的作用，但并没有明确区分其对网络结构抗毁性和功能抗毁性的作用关系，而且缺乏实证层面的检验。本研究正是对这一研究空缺的弥补。此外，本研究从知识耦合的角度，通过验证结构同质性的部分中介传导效应，进一步深化了技术群体耦合与产业创新网络抗毁性的关系研究。

（3）产业技术动态性和网络技术多样性的调节效应

模型 8 的结果显示，产业技术动态性不直接影响产业创新网络的结构抗毁性（$\beta = -0.048$）。模型 9 的结果显示，产业技术动态性与技术群体知识耦合交互项的回归系数为显著负向（$\beta = -0.091$，$p < 0.1$），假设 H7a 得到支持，说明产业技术动态性能调节技术群体知识耦合与产业创新网络结构抗毁性的作用关系。

模型 10 的结果显示，网络技术多样性（$\beta = -0.027$）不直接影响产业创新网络的结构抗毁性。模型 11 的结果显示，网络技术多样性与技术群体知识耦合交互项的回归系数为显著正向（$\beta = 0.113$，$p < 0.05$），假设 H8a 得到支持，说明网络技术多样性能调节技术群体知识耦合与产业创新网络结构抗毁性的作用关系。

模型 12 的结果显示，产业技术动态性（$\beta = -0.039$）不直接影响产业创新网络的功能抗毁性。模型 13 的结果显示，产业技术动态性与技术群体知识耦合交互项的回归系数为显著负向（$\beta = -0.178$，$p < 0.05$），假设 H7b 得到支持，说明产业技术动态性能够调节技术群体知识耦合与产业创新网络功能抗毁性的作用关系。

模型 14 的结果显示，网络技术多样性（$\beta = -0.027$）不直接影响产业创新网络的功能抗毁性。模型 15 的结果显示，网络技术多样性与技术群体知识耦合交互项的回归系数为显著正向（$\beta = 0.276$，$p < 0.05$），假设 H8b 得到支持，说明网络技术多样性能够调节技术群体知识耦合与产业创新网络功能抗毁性的作用关系。

以上研究结果说明：首先，产业技术动态性的研究进一步支持了蒋等（Chiang et al.，2010）[285]的观点。也就是说，由于技术群体内部的紧密联系带来了资源冗余的负效应，在技术剧烈动荡时技术群体之间实施知识耦合，成为网络中异质资源流通的重要措施，但是由于共同知识基的匮乏，技术群体间需要投入较高的成本和精力才能维护知识路径并实现知识转移，因而技术群体的知识耦合影响产业创新网络抗毁性的效应被减弱。其次，网络技术多样性的研究结果与于飞等（2018）[297] 的观点存在相异之处，他们以企业的技术多样性作为调节变量，发现较高的多样化水平使知识耦合过程中的搜索难度较大，不利于企业突破式创新。但本研究认为，在产业创新网络层面，网络技术多样性越高会越有利于知识耦合促进网络的结构抗毁性和功能抗毁性，因为技术多样化表明互补性和异质性知识的增多，能刺激技术群体实施知识耦合的动机，并通过构建关系路径实施知识重组，从而进一步增强网络抗毁性。

为了更直观地揭示调节作用，本研究绘制出如图 6.2 和图 6.3 所示的调节效应图。图 6.2（a）和（b）分别为产业技术动态性对技术群体知识耦合与产业创新网络结构抗毁性、功能抗毁性的调节效应。当产业创新网络面临较为低动态的技术环境时，较高的技术群体知识耦合度更能增强网络抗毁性；图 6.3（a）和（b）分别为网络技术多样性对技术群体知识耦合与产业创新网络结构、功能抗毁性的调节效应。当网络技术多样性较高时，技术群体知识耦合提升网络抗毁性的效应会进一步增强。

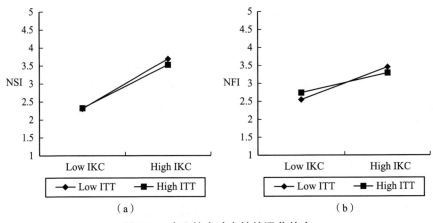

（a）   （b）

图 6.2　产业技术动态性的调节效应

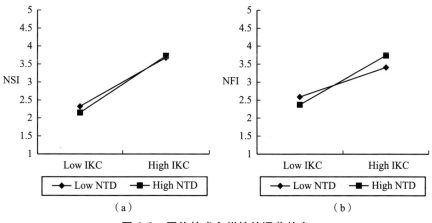

图6.3　网络技术多样性的调节效应

6.5　本　章　小　结

本章从知识流的角度探讨了技术群体耦合对产业创新网络结构抗毁性和功能抗毁性的影响机制，弥补了仅从关系耦合视角探讨网络平稳运行的不足。通过发现网络结构同质性的部分中介"黑箱"效应，进一步深化了技术群体知识耦合与产业创新网络抗毁性之间的关系研究。将产业技术动态性和网络技术多样作为调节变量纳入研究，丰富了不同情境下技术群体知识耦合促进产业创新网络抗毁性的作用机制。

首先在界定基本概念的基础上，结合现有文献提出11个研究假设，包括主效应、中介效应和调节效应。其次，在对所有变量进行操作化测量之后，进行描述性统计和相关性分析，并执行假设检验，发现9个假设得到支持，2个假设得到部分支持。主要研究结论如下：（1）技术群体知识耦合正向影响产业创新网络的结构抗毁性和功能抗毁性。（2）技术群体知识耦合负向影响网络结构同质性；结构同质性越强烈，产业创新网络的结构抗毁性和功能抗毁性越弱；结构同质性在技术群体知识耦合与产业创新网络结构抗毁性、功能抗毁性的影响关系中起部分中介作用。并且，结构同质性的间接效应反映在产业创新网络结构抗毁性方面的作用比创新网络功能抗毁性方面更大。（3）技术动态性负向调节技术群体知识耦合与产业创新网络结构抗毁性、功能抗毁性的作用关系；网络技术多样性正向调节技术群体知识耦合与产业创新网络结构抗毁性、功能抗毁性的作用关系。

再次，不同于关系耦合仅采用结构主义探究技术群体关系构建、关系质量对产业创新网络抗毁性的影响，知识耦合从知识流动的角度，进一步弥补了结构主义研究的不足。此外，本研究进一步验证了技术群体之间采用的是趋异连接策略，从而间接通过降低网络的结构同质性程度来提升产业创新网络抗毁性，同时通过实证检验补充了先前文献仅从定性描述的方式论述结构同质性与创新网络抗毁性关系的缺憾。而且，现有研究发现，网络中观层面的凝聚子群或网络社群有助于解释一系列网络层面的过程和结果，包括创新扩散、网络连通性、网络绩效等，但忽略了创新网络抗毁性的"结构–功能"双重特性。本研究分别探讨了技术群体知识耦合对产业创新网络结构抗毁性和功能抗毁性的效应，补充和完善了对单一维度网络抗毁性的研究。

最后，分别从产业创新网络的内部和外部出发探究了网络技术多样性和产业技术动态性，对技术群体知识耦合与产业创新网络抗毁性作用关系的调节效应，发现了技术群体知识耦合受到不同情境影响会弹性影响产业创新网络的结构抗毁性和功能抗毁性的作用机制。

7 结论与展望

产业创新网络的平稳有序发展是企业开展开放式创新活动的基石，怎样治理网络内部组织或群体的创新活动，使产业创新网络具有抗毁坏的能力，已经成为不确定环境下举足轻重的议题。基于中观社群层面研究的缺失和个体交互与网络失灵的悖论关系，本文从技术群体层级切入，构建技术群体耦合与产业创新网络抗毁性的作用关系框架。从微观成员的动态群体行为的视角探索驱动技术群体耦合的机理，以及技术群体耦合与产业创新网络抗毁性的作用机制。本研究以新能源产业为研究对象，基于从 USPTO 获取专利数据，构建了时间窗口期在 2005~2018 年的 11 个主要技术领域的专利引用网络作为分析单元，执行网络拓扑分析和层级回归分析进行实证研究。

首先，基于网络动态理论和网络层级研究，探究群体成员变动、成员跨群流动与技术群体的关系耦合和知识耦合的影响机制，以及群间技术异质性和群间位置非对称性的调节效应。其次，从关系耦合的视角，以网络集聚结构为中介变量、产业内技术主体实施内外向开放式创新的广度和深度非对称为调节变量，基于关系嵌入理论探讨技术群体关系耦合与产业创新网络的结构抗毁性和功能抗毁性的作用机制。最后，从知识耦合的视角，以网络结构同质性为中介变量、产业技术动态性和网络技术多样性为调节变量，基于知识流动的相关研究探讨技术群体知识耦合与产业创新网络的结构抗毁性和功能抗毁性的作用机制。

本章在上述具体研究的基础上，总结主要研究结论、理论贡献和管理启示，并指出研究的局限性以及未来可能的研究方向。

7.1 研 究 结 论

第一，微观成员的动态群体行为分为群体成员变动和成员跨群流动两个属性，它们是驱动技术群体实施关系耦合和知识耦合的动因，同时以上作用关系受到群间技术异质性和群间位置非对称性的权变影响。

（1）群体成员变动、成员跨群流动显著直接正向影响技术群体关系耦合的程度和知识耦合的水平，说明网络技术主体的动态群体属性对中观技术群体实施耦合活动发挥着促进作用，同时由于微观主体在群体内外和之间的变动或流转，技术群体也随之发生了组建、扩张、合并、分裂、萎缩、衰亡等动态社群表现，这意味着在治理技术群体耦合的过程中，密切关注微观成员的动态群体行为特征的重要性。（2）为了研究上述关系可能存在的权变效应，本研究在群体层面加入了群间技术异质性和群间位置非对称性两个调节变量。研究结果与预期稍有不同，发现群间技术异质性和群间位置非对称性均可以显著正向调节群体成员变动、成员跨群流动与技术群体关系耦合的影响关系，而不能调节群体成员变动、成员跨群流动与技术群体知识耦合的影响关系。说明不同群体之间的技术差异程度越大、网络中介位置高低越不同，越能够刺激群体成员实施进入或退出群体，以及穿梭多个群体的行为，从而有益于技术群体关系耦合。但是，由于群间异质性和位置差距较大，成员选择伙伴进行知识匹配、转移的难度越来越大，而且共同知识基础的缺乏导致无法轻易建立信任关系，因而难以通过成员变动和跨群流动来促进技术群体知识耦合。

第二，技术群体的关系耦合会正向促进产业创新网络的结构抗毁性和功能抗毁性，网络集聚结构在上述关系中呈现出部分中介效应，产业中实施内向型与外向型开放式创新的广度和深度不对称的高低，能调节技术群体关系耦合与产业创新网络抗毁性的作用关系。

（1）技术群体之间的关系耦合强度越强，产业创新网络的抗毁性越好。具体体现为技术群体的关系耦合，不仅提升网络联系的广泛化和多元化，促进了网络连通性。同时，还缩短了网络平均路径长度，有助于知识、技术和资源的转移与扩散，提升了网络功能抗毁性。（2）尽管技术群体关系耦合能直接影响产业创新网络抗毁性，但本研究发现仍有部分效应是通过网络集聚结构的中介传导间接作用的。研究认为，技术群体的关系耦合可以缓解网络过于向某些核心成员集聚的态势，从而避免网络被主导或操控，使得创新网络在核心成员失灵后仍能维持结构稳定和功能运转。（3）考虑到产业创新网络中的主体通常是强内向型 - 弱外向型开放式创新，将内外向开放式创新广度、深度的不对称程度作为网络中主体行为的情境变量发现，二者均能负向调节技术群体关系耦合与产业创新网络结构抗毁性、功能抗毁性的影响关系。这说明，调控网络中技术主体实施较为均衡的内向型和外向型开放式创新广度和深度，有助于进一步稳固技术群体关系耦合影响创新网络抗毁性的作用。

第三，技术群体的知识耦合会正向促进产业创新网络的结构抗毁性和功能抗毁性，该关系不仅被网络结构同质性部分中介，还会因创新网络的技术多样性和产业技术动态性的变动而受到影响。

（1）技术群体之间的知识耦合水平越高，产业创新网络的抗毁性就越强。技术群体知识耦合活动的实施，不仅通过搭建知识流通渠道扩充了网络连通性，还改善了网络中的知识流动水平和速率，提升了功能抗毁性。（2）技术群体知识耦合在直接作用于产业创新网络抗毁性的同时，还被证实有部分间接效应，是通过网络结构同质性的中介传导而发挥出来的。研究发现，随着技术群体知识耦合的增强，不仅趋异连接的效用显现，而且促进了网络核心与边缘组织之间的知识流动，从而降低网络的结构同质性，进一步缓解了网络的故步自封和知识锁定的困境，因而增进了产业创新网络抗毁性。（3）网络所掌握的技术多样性越强，技术群体知识耦合越能较强烈地正向促进创新网络的结构和功能抗毁性；而网络所处的产业技术环境变化越快，越难以通过技术群体知识耦合的方式来维持创新网络的结构抗毁性和功能抗毁性。

7.2 主要创新点

本研究采用整体网研究方法，构建了技术群体耦合的动因及与产业创新网络抗毁性的作用机制的研究框架，剖析了群体成员变动和成员跨群流动两种动态群体行为如何影响技术群体的关系耦合和知识耦合活动，以及技术群体的关系耦合和知识耦合活动对产业创新网络的结构抗毁性和功能抗毁性产生的影响。主要创新点如下：

第一，立足整体网视角，构建了"组织动态群体行为－技术群体耦合－产业创新网络抗毁性"的理论模型，以技术群体耦合作为研究契机，向前追溯到微观组织动态群体行为的驱动机制，向后拓展至宏观网络抗毁性的结果研究，为不同网络层级间的衔接融合提供新的探索思路。

现有关于产业创新网络内的技术群体与网络抗毁性的研究较为有限，相关文献多从宏观网络结构属性，以及核心企业治理、微观个体交互等方面探究创新网络抗毁性的前因，缺乏对技术群体的耦合活动与网络抗毁性的作用机制探索，而中观技术群体具有衔接微观组织和全局网络的重要研究价值。本理论模型融合网络结构主义和网络连接主义的观点，厘清了技术群体耦合在产业创新网络中的两种表现——关系耦合和知识耦合；并且整合成员的进入与退出机制，揭示了微观技术主体的两种动态群体行为——群体成员变动和成员跨群流动与技术群体耦合的影响关系；此外，还着力剖析了技术群体的两种耦合表现与产业创新网络结构抗毁性、功能抗毁性的影响关系，为弥补和完善技术群体层级解释产业创新网络抗毁性的作用机理，提供更纵深层级间的支撑。

第二，从动态群体行为视角出发，阐明了群体成员变动和成员跨群流动两种微观组织的动态行为与技术群体关系耦合和知识耦合的正向影响作用，在丰富动态视角下技术群体涌现研究的同时，还拓展了技术群体耦合的驱动效应研究。

现有研究一方面重点考察"自中心网视角"下中观社群的两种静态属性，即群内凝聚性和群间桥接关系与企业创新的作用，没有结合动态行为的属性加以探索；另一方面，有关动态社群的文献仍局限在"结构—行为—绩效"的 SCP 范式之中，在结果研究层面忽视了对中观技术群体交互活动的影响效应。本研究通过探讨群体成员变动和成员跨群流动两种动态群体行为与技术群体耦合的影响关系，拓展了微观组织的动态群体行为与技术群体间关系耦合和知识耦合的作用机制研究。本研究在论述技术群体在微观、中观和宏观动态涌现特征的基础上，将技术群体与网络动态理论、网络层级研究融合在一起，构建了组织的动态群体行为影响中观技术群体开展耦合活动的分析框架，更深入地从动态视角，揭示群体成员变动和成员跨群流动正向驱动技术群体实施关系耦合和知识耦合的作用关系，这为进一步探究技术群体耦合与产业创新网络抗毁性的关系提供了一个动因研究的新颖视角。

第三，将节点的"关系－知识"二相性引入技术群体层面，基于关系耦合和知识耦合建立"双维度"分析框架，识别并验证了集聚结构和结构同质性"双路径"中介机制，为揭开技术群体耦合影响产业创新网络抗毁性作用机制的"黑箱"提供理论依据，深化了技术群体耦合与产业创新网络抗毁性之间的作用机制研究。

现有研究发现，中观技术群体的交互会产生强网络失灵和弱网络失灵两种矛盾性结果，但未能明晰其内在机理。而且以往文献的认为，技术群体的关系交互解释了网络层面的结果如创新扩散、网络连通性、网络绩效等，但忽略了创新网络抗毁性的"结构－功能"双重特性。本研究基于关系嵌入理论和知识流的相关研究，在论述技术群体关系耦合和技术群体知识耦合直接影响产业创新网络抗毁性的同时，阐明关系维度下技术群体耦合通过"度分布"属性即集聚结构，知识维度下通过"度相关"属性即结构同质性，间接影响产业创新网络抗毁性的部分中介效应，揭示了技术群体耦合与产业创新网络抗毁性关系中的"双维度－双路径"作用机理。研究结果表明，技术群体关系耦合部分通过降低网络集聚结构的态势来促进网络抗毁性，技术群体知识耦合部分通过缓解结构同质性的程度来增强网络抗毁性。这对通过治理技术群体交互活动、调控网络结构属性来构建具有抗毁性的产业创新网络具有重要理论参考价值。

7.3 管理启示

根据"群体成员变动、成员跨群流动－技术群体关系耦合、技术群体知识耦合－产业创新网络结构抗毁性、功能抗毁性"研究框架的实证结果，本研究认为，要从重视技术群体的影响力建立网络成员的群体化灵活配置机制，并通过维持技术群体之间的关系耦合和知识耦合来实现新能源产业创新网络的平稳运转。现有文献以中国半导体、电子信息产业、生物制药行业和汽车等产业创新网络为实证研究对象，独立探讨了"派系"和"网络社群"的构建、动态特征及抗风险性，这对本研究具有一定的借鉴作用。本研究得出以下管理启示：

第一，本研究阐明了技术群体的成员变动和成员跨群流动会改变技术群体之间的关系耦合与知识耦合。同时，描述了成员动态行为引发的技术群体的形态变化，如组建、扩张、合并、分裂、萎缩、衰亡，这有助于理解微观层面的组织"抱团"背后的表现，对从微观成员的行为层面引导构建创新网络技术群体和治理其创新交互活动具有重要的实践指导意义。从预防创新网络结构脆弱性和知识固化来看，政策部门应适当鼓励新能源企业跳出以往紧密合作的"舒适圈"，延伸知识触角至其他技术群体，这不仅能防范知识锁定的风险，同时也有助于产业创新网络中知识扩散渠道的多样化。

第二，本研究主张引导技术群体开展跨越群体边界的创新互动，推动产业创新网络的平稳发展。值得注意的是，实践中由于技术群体内部成员经过长期的知识共享已经建立了信任且拥有较低的合作风险，这往往会降低它们与网络中其他技术群体建立关联的倾向。因此，不仅要呼吁企业关注长期固化的"小圈子思维"带来的弊端，如短视、创新能力不足等，还应积极建立产业研发平台，发起创新合作项目，举办技术交流论坛、座谈会或研讨会，以及借助技术中介组织，搭建不同技术群体之间的知识共享的平台，推动技术群体耦合的发生。也可以提供一些有针对性的补贴，去引导和激励技术主体开展跨群体的交流与合作。然而，这个过程需注意防范"市场挤出风险"，即政府支出增加所引起的私人消费或投资降低的情况。有证据表明[100]，企业利用公共补贴成功地建立了短期或特定项目的伙伴关系，但从长期来看，却并没有成功维持创新网络的运转。因此，企业要及时抓住政府创造的创新氛围，建立群间关系和知识耦合的长期合作意向，从而营造一个长期平稳发展的网络环境。

第三，应维持创新网络中核心组织和边缘组织的共存共生，而不是搭建一个完全非集聚或非结构同质的产业创新网络。对于一个平稳演化的产业创新网络，预防创新网络被恶意引导或操控，避免造成知识锁定、网络僵化和迈向错误的演进方向极其重要。因此，本研究建议采取以下措施：向产业创新网络中的新兴中小企业、初创企业等提供以产品和过程为导向的技术服务、咨询，或尝试通过政府补贴的方式鼓励处于网络边缘位置的企业与核心大企业建立技术联系。这些支持措施，不仅可以提高创新网络的探索式创新能力，还能避免核心组织的过度强化和引导。此外，尽管主导市场的核心企业在短期内也会出现失灵的现象，但并非常态，因此还应在产业技术波动较为剧烈时及时关注核心企业的运行状况，避免因大型寡头组织的失灵而使网络陷入分崩离析的情况。

第四，在构建具有抗毁性的创新网络过程中，需要把控来自产业网络层面、技术群体层面和微观个体层面的因素对成员动态群体行为和技术群体耦合的权变效应。首先，建议在群体之间的技术差异性较大时，鼓励成员频繁进入和退出群体边界，有针对性地推动技术群体间形成多维且流通的技术扩散渠道，来保障新能源产业创新网络的抗毁性。其次，应推动双向开放式创新模式，配合技术群体开展耦合活动，共同增强产业创新网络的抗毁性。最后，需要引导产业技术的多样性、及时提供有关动态技术变化的信息，对相关风险提出警告，并提供适当的援助。

7.4　局限与展望

尽管本研究具有一定的创新性，但由于作者在时间、能力等方面的限制，仍存在一定的局限性，有待于后续研究做进一步的深化和拓展。

第一，本研究采用群体成员变动和成员跨群流动两种属性反映动态社群行为，虽然在论证和网络拓扑分析中涉及了技术群体的组建、合并、分裂和解体等形态变化，但是在具体研究中没有就每种形态如何影响技术群体耦合展开过详细探究。而且，本研究所指的技术群体是非重叠网络社群，这意味着每个成员应归属在一个群体中而不能是多个，但是在实践中依然存在重叠社群的情况，因此未来研究可以就重叠的技术群体动态形态如何影响技术群体的关系耦合和知识耦合进行拓展，进而探索其对更高层次产业创新网络抗毁性的影响。

第二，本研究虽然将技术群体的动态行为纳入研究，打破了完全静态的研究模式，但在探究技术群体关系耦合、知识耦合与产业创新网络结构抗毁性和功能抗毁性的作用机制中，没有考虑网络动态演化阶段的影响。以往研究认为，创新网络在形成的初始阶段非常不稳定，而随着网络的成长会逐渐演进为稳定的核心边缘结构，但是，由于核心与边缘企业之间联系的脱节、知识不流通，会导致成熟阶段的网络越来越集聚化和同质化，从而出现网络封闭和知识锁定等诸多弊端，致使网络逐渐衰退。可以预期不同网络演化阶段的微观成员变动以及开放式创新活动、群体交互行为、网络内外属性等均会有不同的表现或属性。因此，未来的研究可以考虑网络阶段性的动态演化特征，同时采用来自多个不同产业的创新网络为样本进行对比研究，可能会产生富有成效的新见解。

第三，本研究采用专利权人之间的专利引用网络代表产业创新网络，核心成员聚焦在实施技术创新的主体上，在一定程度上忽略了产业中政府、科研院所、中介机构的角色。不过，企业组织往往是实施技术创新的核心主体，因而采用专利研究具有合理性。而且，专利权人之间专利引用网络，能通过专利的前向和后向引用，反映技术知识扩散的路径、方向和程度，对研究网络连通性和网络效率具有较好的适用性。受数据的局限性，本研究在某种程度上忽略了产业创新网络的独特功能，如分担风险、获得互补资产等[298]，因此未来的研究可以考虑采用多维度指标法，评估创新网络的功能抗毁性。

参 考 文 献

[1] Stanko M A, Fisher G J, Bogers M. Under the wide umbrella of open innovation [J]. Journal of Product Innovation Management, 2017, 34 (4): 543 – 558.

[2] 林柯, 吕想科. 路径依赖、锁定效应与产业集群发展的风险——以美国底特律汽车产业集群为例 [J]. 区域经济评论, 2015 (1): 108 – 113.

[3] 王发明, 蔡宁, 朱浩义. 基于网络结构视角的产业集群风险研究——以美国 128 公路区产业集群衰退为例 [J]. 科学学研究, 2006 (6): 885 – 889.

[4] østergaard C, Park E. Cluster decline and resilience – The case of the wireless communication cluster in North Jutland, Denmark [J]. Denmark, 2013: 1 – 24.

[5] 龚玉环, 卜琳华, 孟庆伟. 复杂网络结构视角下中关村产业集群创新能力分析 [J]. 科学学与科学技术管理, 2009, 30 (5): 56 – 60.

[6] 陈伟, 周文, 郎益夫. 集聚结构、中介性与集群创新网络抗风险能力研究——以东北新能源汽车产业集群为例 [J]. 管理评论, 2015, 27 (10): 204 – 217.

[7] Dhanasai C, Parkhe A. Orchestrating innovation networks [J]. Academy of Management Review, 2006, 31 (3): 659 – 669.

[8] Rampersad G, Quester P, Troshani I. Managing innovation networks: Exploratory evidence from ICT, biotechnology and nanotechnology networks [J]. Industrial Marketing Management, 2010, 39 (5): 793 – 805.

〔9〕 Freeman C. Networks of innovators: a synthesis of research issues 〔J〕. Research policy, 1991, 20 (5): 499 – 514.

〔10〕 Shih H, Chang P. Industrial innovation networks in Taiwan and China: A comparative analysis 〔J〕. Technology in Society. 2009, 31 (2): 176 – 186.

〔11〕 Zhang K, Qian Q, Zhao Y. Evolution of Guangzhou Biomedical Industry Innovation Network Structure and Its Proximity Mechanism 〔J〕. Sustainability, 2020, 12 (6): 2456.

〔12〕 王伟光, 冯荣凯, 尹博. 产业创新网络中核心企业控制力能够促进知识溢出吗? 〔J〕. 管理世界, 2015 (6): 99 – 109.

〔13〕 Heidenreich S, Landsperger J, Spieth P. Are Innovation Networks in Need of a Conductor? Examining the Contribution of Network Managers in Low and High Complexity Settings 〔J〕. Long Range Planning, 2016, 49 (1): 55 – 71.

〔14〕 万炜. 知识流动视角下产业创新网络国际化对技术创新的影响研究 〔D〕. 长沙: 湖南大学, 2013.

〔15〕 谭劲松, 张红娟, 林润辉. 产业创新网络动态演进机制模拟与实例分析 〔J〕. 管理科学学报, 2019, 22 (12): 1 – 14.

〔16〕 Cap J, Blaich E, Kohl H et al. Multi level network management-A method for managing inter-organizational innovation networks 〔J〕. Journal of Engineering and Technology Management, 2019, 51: 21 – 32.

〔17〕 Chesbrough H W. Open innovation: The new imperative for creating and profiting from technology 〔M〕. Harvard Business Press, 2003.

〔18〕 Danguy J. Globalization of innovation production: A patent-based industry analysis 〔J〕. Science and Public Policy, 2017, 44 (1): 75 – 94.

〔19〕 Alberti F G, Pizzurno E. Oops, I did it again! Knowledge leaks in open innovation networks with start-ups 〔J〕. European Journal of Innovation Management, 2017, 20 (1): 50 – 79.

［20］Lee S, Lee H, Lee C. Open innovation at the national level: Towards a global innovation system ［J］. Technological Forecasting and Social Change, 2020, 151.

［21］刘学元，丁雯婧，赵先德. 企业创新网络中关系强度、吸收能力与创新绩效的关系研究 ［J］. 南开管理评论，2016（1）：30-42.

［22］李志刚，汤书昆，梁晓艳，等. 产业集群网络结构与企业创新绩效关系研究 ［J］. 科学学研究，2007（4）：777-782.

［23］曹霞，于娟. 联盟伙伴视角下产学研联盟稳定性提升路径——理论框架与实证分析 ［J］. 科学学研究，2016，34（10）：1522-1531.

［24］Kumar P, Zaheer A. Ego-Network Stability and Innovation in Alliances ［J］. Academy of Management Journal, 2018, 62（3）：691-716.

［25］雷雨嫣，刘启雷，陈关聚. 网络视角下创新生态位与系统稳定性关系研究 ［J］. 科学学研究，2019，37（3）：535-544.

［26］岳增慧，方曙. 科研合作网络弹性研究与实证 ［J］. 图书情报工作，2013，57（11）：86-89.

［27］黄传超，胡斌. 基于复杂网络的企业关系网络的弹性研究 ［J］. 中国管理科学，2014，22（S1）：686-690.

［28］Crespo J, Suire R, Vicente J. Lock-in or lock-out? How structural properties of knowledge networks affect regional resilience ［J］. Journal of Economic Geography, 2014, 14（1）：199-219.

［29］袁剑锋，许治. 中国 ICT 行业创新网络弹性——基于专利数据的实证研究 ［J］. 技术经济，2017，36（11）：1-6.

［30］Giovanna F, Antonio I. Technology transfer in innovation networks: An empirical study of the Enterprise Europe Network ［J］. International Journal of Engineering Business Management, 2017, 9：1-14.

［31］Xu W, Zhong M, Hong Y et al. Enhancing community resilience to urban floods with a network structuring model ［J］. Safety Science, 2020, 127.

［32］唐丽艳，王然，王国红 . 基于相继故障的集群协同创新网络风险评价研究［J］. 科技进步与对策，2015，32（14）：59 - 64.

［33］Stuck J, Broekel T, Revilla Diez J. Network structures in regional innovation systems［J］. European Planning Studies, 2016, 24（3）：423 - 442.

［34］魏龙，党兴华，成泷 . 不确定性双元对技术创新网络脆弱性的影响：网络惯例的中介作用［J］. 管理评论，2018，30（7）：64 - 76.

［35］Hosseini S, Barker K, Ramirez-Marquez J E. A review of definitions and measures of system resilience［J］. Reliability Engineering & System Safety, 2016, 145：47 - 61.

［36］沈犁，向阳，王周全，等 . 城市公共交通复合系统抗毁性仿真研究［J］. 运筹与管理，2017，26（9）：105 - 112.

［37］Jenson I, Leith P, Doyle R et al. Innovation system problems：Causal configurations of innovation failure［J］. Journal of Business Research, 2016, 69（11）：5408 - 5412.

［38］李莉，林海芬，程露，等 . 技术群体耦合对产业创新网络抗毁性的影响研究［J］. 研究与发展管理，2020，32（1）：101 - 112.

［39］万幼清，张妮，鲁平俊 . 产业集群协同创新风险及其形成机理研究［J］. 管理世界，2015（2）：182 - 183.

［40］蔡宁杨，闫柱，吴结兵 . 企业集群风险的研究：一个基于网络的视角［J］. 中国工业经济，2003（4）：59 - 64.

［41］何铮，张晓军 . 集群创新扩散的鲁棒性和脆弱性［J］. 系统管理学报，2011（6）：682 - 689.

［42］Ahuja G, Soda G, Zaheer A. The genesis and dynamics of organizational networks［J］. Organization Science, 2012, 23（2）：434 - 448.

［43］李守伟，程发新 . 基于企业进入与退出的产业网络演化研究［J］. 科学学与科学技术管理，2009，30（6）：135 - 139.

［44］Boschma R, Ter Wal A. Co-evolution of Fims, Industries and Networks in Space [J]. Regional Studies, 2011, 45: 919 – 933.

[45] Giuliani E. Network dynamics in regional clusters: Evidence from Chile [J]. Research Policy, 2013, 42 (8): 1406 – 1419.

[46] 刘晓燕，魏云凤，杨娟. 演化视角下技术创新网络节点进退机制研究 [J]. 科技进步与对策，2016，33 (10): 10 – 13.

[47] Barab A Si A A S O, Albert R E K. Emergence of Scaling in Random Networks [J]. Science, 1999, 286 (5439): 509 – 512.

[48] Glückler J. Economic geography and the evolution of networks [J]. Journal of Economic Geography, 2007, 7 (5): 619 – 634.

[49] Dahlander L, Mcfarland D A. Ties That last tie formation and persistence in research collaborations over Time [J]. Administrative ence Quarterly, 2013, 58 (1): 69 – 110.

[50] Yan Y, Guan J. Social capital, exploitative and exploratory innovations: The mediating roles of ego-network dynamics [J]. Technological Forecasting and Social Change, 2018, 126: 244 – 258.

[51] Taalbi J. Evolution and structure of technological systems-An innovation output network [J]. Research Policy, 2020, 49 (8).

[52] Boschma, Ron. Proximity and Innovation: A Critical Assessment [J]. Regional Studies, 2005, 39 (1): 61 – 74.

[53] Balland P, De Vaan M, Boschma R. The dynamics of interfirm networks along the industry life cycle: The case of the global video game industry, 1987 – 2007 [J]. Journal of Economic Geography, 2013, 13 (5): 741 – 765.

[54] Ter Wal A L J. The dynamics of the inventor network in German biotechnology: geographic proximity versus triadic closure [J]. Journal of Economic Geography, 2014, 14 (3): 589 – 620.

[55] Xavier Molina-Morales F, Belso-Martinez J A, Mas-Verdu F et al. Formation and dissolution of inter-firm linkages in lengthy and stable net-

works in clusters [J]. Journal of Business Research, 2015, 68 (7): 1557 – 1562.

[56] 司月芳, 曾刚, 曹贤忠, 等. 基于全球—地方视角的创新网络研究进展 [J]. 地理科学进展, 2016, 35 (5): 600 – 609.

[57] Borgatti S P, Foster P C. The network paradigm in organizational research: A review and typology [J]. Journal of management, 2003, 29 (6): 991 – 1013.

[58] Borgatti Stephen P, Foster Pacey C, 任博华, 等. 组织研究中的网络范式: 文献综述和一个分类框架 [J]. 管理世界, 2011 (8): 155 – 165.

[59] Corsaro D, Cantù C, Tunisini A. Actors' Heterogeneity in Innovation Networks [J]. Industrial Marketing Management, 2012, 41 (5): 780 – 789.

[60] 黎耀奇, 谢礼珊. 社会网络分析在组织管理研究中的应用与展望 [J]. 管理学报, 2013 (1): 146 – 154.

[61] Sytch M, Tatarynowicz A. Exploring the locus of invention: The dynamics of network communities and firms' invention productivity [J]. Academy of Management Journal, 2014, 57 (1): 249 – 279.

[62] Xu G, Hu W, Qiao Y et al. Mapping an innovation ecosystem using network clustering and community identification: a multi-layered framework [J]. Scientometrics, 2020, 124 (3): 2057 – 2081.

[63] Gupta A K, Tesluk P E, Taylor M S. Innovation At and Across Multiple Levels of Analysis [J]. Organization Science, 2007, 18 (6): 885 – 897.

[64] 党兴华, 肖瑶. 基于跨层级视角的创新网络治理机理研究 [J]. 科学学研究, 2015, 33 (12): 1894 – 1908.

[65] 魏龙, 党兴华. 非对称视角下技术创新网络社群结构涌现及其对双元创新的影响研究 [J]. 运筹与管理, 2017, 26 (10): 188 – 199.

［66］Granovetter M S. The Strength of Weak Ties ［J］. American Journal of Sociology，1973（78）：1360 - 1380.

［67］Granovetter M. Economic action and social structure：The problem of embeddedness. ［J］. American Journal of Sociology，1985，91（3）：481 - 510.

［68］吕冲冲，杨建君，张峰. 共享时代下的企业知识创造——关系强度与合作模式的作用研究 ［J］. 科学学与科学技术管理，2017，38（8）：17 - 28.

［69］Rost K. The strength of strong ties in the creation of innovation ［J］. Research Policy，2011，40（4）：588 - 604.

［70］Padula G. Enhancing the Innovation Performance of Firms by Balancing Cohesiveness and Bridging Ties ［J］. Long Range Planning，2008，41（4）：395 - 419.

［71］Baum J A C，Mcevily B，Rowley T J. Better with Age? Tie Longevity and the Performance Implications of Bridging and Closure ［J］. Organization Science，2012，23（2）：529 - 546.

［72］Gilsing V，Vanhaverbeke W，Pieters M. Mind the gap：Balancing alliance network and technology portfolios during periods of technological uncertainty ［J］. Technological Forecasting and Social Change，2014，81：351 - 362.

［73］Sorenson O，Rivkin J，Fleming L. Complexity，Networks and Knowledge Flow ［J］. Research Policy，2006，35（7）：994 - 1017.

［74］Lichtenthaler U. Open Innovation：Past Research，Current Debates，and Future Directions ［J］. Academy of Management Perspectives，2011，25（1）：75 - 93.

［75］Szulanski G. Exploring Internal Stickiness：Impediments to the transfer of best practice within the firm ［J］. Strategic Management Journal，1996，17：27 - 43.

［76］Zhuge H. A knowledge flow model for peer-to-peer team knowledge sharing and management ［J］. Expert Systems with Applications，2002，23（1）：23 - 30.

［77］Tsai W. Knowledge Transfer in Intraorganizational Networks：Effects of Network Position and Absorptive Capacity on Business Unit Innovation and Performance ［J］. Academy of Management Journal，2001，44（5）：996 - 1004.

［78］Reagans R，Mcevily B. Network structure and knowledge transfer：The Effects of Cohesion and Range ［J］. Administrative Science Quarterly，2003，48（2）：240 - 267.

［79］Xie X，Fang L，Zeng S. Collaborative innovation network and knowledge transfer performance：A fsQCA approach ［J］. Journal of Business Research，2016，69（11）：5210 - 5215.

［80］Gilbert M，Cordey-Hayes M. Understanding the process of knowledge transfer to achieve successful technological innovation ［J］. Technovation，1996，16（6）：301 - 312.

［81］Szulanski G. The Process of Knowledge Transfer：A Diachronic Analysis of Stickiness ［J］. Organizational Behavior and Human Decision Processes，2000，82（1）：9 - 27.

［82］李林蔚，蔡虹，郑志清. 战略联盟中的知识转移过程研究：共同愿景的调节效应 ［J］. 科学学与科学技术管理，2014，35（8）：29 - 38.

［83］王欣，刘蔚，李款款. 基于动态能力理论的产学研协同创新知识转移影响因素研究 ［J］. 情报科学，2016，34（7）：36 - 40.

［84］Cani Ls M C J，Verspagen B. Barriers to knowledge spillovers and regional convergence in an evolutionary model ［J］. Journal of Evolutionary Economics，2001，11（3）：307 - 329.

［85］于飞，袁胜军，胡泽民. 知识基础、知识距离对企业绿色创

新影响研究 [J]. 科研管理, 2021, 42 (1): 100 - 112.

[86] Mina A, Bascavusoglu-Moreau E, Hughes A. Open service innovation and the firm's search for external knowledge [J]. Research Policy, 2014, 43 (5): 853 - 866.

[87] 魏江, 徐蕾. 知识网络双重嵌入、知识整合与集群企业创新能力 [J]. 管理科学学报, 2014, 17 (2): 34 - 47.

[88] Xie X, Fang L, Zeng S et al. How does knowledge inertia affect firms product innovation? [J]. Journal of Business Research, 2016, 69 (5): 1615 - 1620.

[89] 周健明, 周永务. 知识惯性与知识创造行为: 组织记忆与创新氛围的作用 [J]. 科学学研究, 2021, 39 (6): 1103 - 1110.

[90] 李柏洲, 曾经纬. 知识惯性对企业双元创新的影响 [J]. 科学学研究, 2019, 37 (4): 750 - 759.

[91] 王建军, 曹宁, 叶明海. 核心企业治理机制对模块化网络创新绩效的影响——知识转移的中介作用 [J]. 科技进步与对策, 2020, 37 (3): 115 - 123.

[92] Capaldo A. Network structure and innovation: The leveraging of a dual network as a distinctive relational capability [J]. Strategic Management Journal, 2007, 28 (6): 585 - 608.

[93] 谢永平, 党兴华, 孙永磊. 知识权力集中度、核心企业治理与网络稳定 [J]. 科学学与科学技术管理, 2014 (9): 67 - 77.

[94] Levén P, Holmström J, Mathiassen L. Managing research and innovation networks: Evidence from a government sponsored cross-industry program [J]. Research Policy, 2014, 43 (1): 156 - 168.

[95] Schilling M A, Fang C. When hubs forget, lie, and play favorites: Interpersonal network structure, information distortion, and organizational learning [J]. Strategic Management Journal, 2014, 35 (7): 974 - 994.

[96] 郑胜华, 池仁勇. 核心企业合作能力、创新网络与产业协同

演化机理研究 [J]. 科研管理, 2017 (6): 28 – 42.

[97] Ye D, Wu Y, Goh M. Hub firm transformation and industry cluster upgrading: innovation network perspective [J]. Management Decision, 2020, 58 (7): 1425 – 1448.

[98] Carlsson B, Jacobsson S. In Search of Useful Public Policies — Key Lessons and Issues for Policy Makers [M]. Technological Systems and Industrial Dynamics, Carlsson B, Boston, MA: Springer US, 1997, 299 – 315.

[99] Klein Woolthuis R, Lankhuizen M, Gilsing V. A system failure framework for innovation policy design [J]. Technovation, 2005, 25 (6): 609 – 619.

[100] Negro S O, Alkemade F, Hekkert M P. Why does renewable energy diffuse so slowly? A review of innovation system problems [J]. Renewable and Sustainable Energy Reviews, 2012, 16 (6): 3836 – 3846.

[101] 李莉, 程露, 林海芬, 等. 创新开放度分布对产业创新网络抗毁性的影响: 技术群体的调节作用 [J]. 科学学与科学技术管理, 2021, 42 (5): 85 – 99.

[102] Cowan R, Jonard N. Network structure and the diffusion of knowledge [J]. Journal of Economic Dynamics & Control, 2004, 28 (8): 1557 – 1575.

[103] Rosenkopf L, Padula G. Investigating the microstructure of network evolution: Alliance Formation in the Mobile Communications Industry [J]. Organization Science, 2008, 19 (5): 669 – 687.

[104] Sytch M, Tatarynowicz A, Gulati R. Toward a theory of extended contact: The Incentives and Opportunities for Bridging Across Network Communities [J]. Organization Science, 2012, 23 (6): 1658 – 1681.

[105] Gulati R, Sytch M, Tatarynowicz A. The rise and fall of small worlds: Exploring the Dynamics of Social Structure [J]. Organization Science, 2012, 23 (2): 449 – 471.

［106］罗吉，党兴华. 我国风险投资机构网络社群：结构识别、动态演变与偏好特征研究［J］. 管理评论，2016（5）：61－72.

［107］Wang S，Liu J，Wang X. Mitigation of attacks and errors on community structure in complex networks［J］. Journal of Statal Mechanics Theory and Experiment，2017（4）.

［108］Goerzen A. Small firm boundary-spanning via bridging ties：Achieving international connectivity via cross-border inter-cluster alliances［J］. Journal of International Management，2018，24（2）：153－164.

［109］张文志，贾珺. 基于社团连通度的复杂网络抗毁性分析［J］. 军事运筹与系统工程. 2019，33（4）：75－80.

［110］Wen T，Deng Y. The vulnerability of communities in complex networks：An entropy approach［J］. Reliability Engineering & System Safety，2020，196.

［111］Wang X. A network evolution model based on community structure［J］. Neurocomputing，2015，168：1037－1043.

［112］赵炎，孟庆时，郑向杰. 对中国汽车企业联盟网络抱团现象的探析［J］. 科研管理，2016，37（S1）：547－557.

［113］Lyu Y，Liu Q，He B et al. Structural embeddedness and innovation diffusion：the moderating role of industrial technology grouping［J］. Scientometrics，2017，111（2）：889－916.

［114］Yang K，Guo Q，Li S N et al. Evolution properties of the community members for dynamic networks［J］. Physics Letters A，2017，381（11）：970－975.

［115］Yin G，Chi K，Dong Y et al. An approach of community evolution based on gravitational relationship refactoring in dynamic networks［J］. Physics Letters A，2017，381（16）：1349－1355.

［116］Kadkhoda Mohammadmosaferi K，Naderi H. Evolution of communities in dynamic social networks：An efficient map-based approach［J］. Expert Systems with Applications, 2020, 147.

[117] 何彬源, 李莉, 吕一博, 等. 创新网络位置与企业内向型开放式创新行为的关系研究——技术群体分化的调节效应 [J]. 管理评论, 2022, 34 (4): 90 – 102.

[118] Zhao J, Li D, Sanhedrai H et al. Spatio-temporal propagation of cascading overload failures in spatially embedded networks [J]. Nature Communications, 2016, 7.

[119] 邢李志, 关峻. 区域产业结构网络的介数攻击抗毁性研究 [J]. 科技进步与对策, 2012, 29 (23): 34 – 38.

[120] Zhang Y, Yang N. Research on robustness of R&D network under cascading propagation of risk with gray attack information [J]. Reliability Engineering & System Safety, 2013, 117: 1 – 8.

[121] 陈伟, 周文, 郎益夫, 等. 产学研合作创新网络结构和风险研究——以海洋能产业为例 [J]. 科学学与科学技术管理, 2014, 35 (9): 59 – 66.

[122] 魏龙, 党兴华. 基于组织 – 惯例的相依技术创新网络级联失效模型研究 [J]. 管理评论, 2017 (11): 74 – 88.

[123] 刘慧, 杨乃定, 张延禄. 竞合视角下研发网络关系风险相继传播模型构建与仿真 [J]. 系统工程理论与实践, 2017, 37 (5): 1313 – 1321.

[124] Guo B, Cheng Z, Feng T. Research on the influence of dual governance on the vulnerability of technology innovation network in major engineering projects [J]. The International Journal of Electrical Engineering & Education, 2020.

[125] Van der Valk T, Chappin M M H, Gijsbers G W. Evaluating innovation networks in emerging technologies [J]. Technological Forecasting and Social Change, 2011, 78 (1): 25 – 39.

[126] Watts D J, Strogatz S H. Collective dynamics of 'small-world'

networks [J]. Nature, 1998, 393 (6684): 440 – 442.

[127] Borgatti S P, Everett M G. Models of core/periphery structures [J]. Social Networks, 1999, 21 (4): 375 – 395.

[128] Balland P, Suire R, Vicente J. Structural and geographical patterns of knowledge networks in emerging technological standards: evidence from the European GNSS industry [J]. Economics of Innovation and New Technology, 2013, 22 (1): 47 – 72.

[129] Crespo J, Suire R, Vicente J. Network Structural Properties for Cluster Long Run Dynamics. Evidence from Collaborative R&D Networks in the European Mobile Phone Industry [J]. Industrial and Corporate Change, 2016, 25 (2): 261 – 282.

[130] Brenner T, Schlump C. Policy Measures and Effects in the Different Phases of the Cluster Life-Cycle [J]. Regional Studies, 2011, 45 (10): 1363 – 1386.

[131] Vicente J. 'Don't Throw the Baby Out with the Bath Water': Network Failures and Policy Challenges for Cluster Long Run Dynamics [Z]. 2014.

[132] Li L, Lin H, Lyu Y et al. Invulnerability in innovation networks: the importance of technology cluster coupling and network centralization [J]. Technology Analysis & Strategic Management, 2023, 35 (4): 451 – 463.

[133] Wasserman S F K. Social network analysis: Methods and applications [M]. Cambridge university press, 1994.

[134] Cowan R, Jonard N, Zimmermann J. Bilateral collaboration and the emergence of innovation networks [J]. Management science, 2007, 53 (7): 1051 – 1067.

[135] Ozcan S, Islam N. Collaborative networks and technology clusters——The case of nanowire [J]. Technological Forecasting and Social Change, 2014, 82: 115 – 131.

［136］ Rivera M T, Soderstrom S B, Uzzi B. Dynamics of dyads in social networks: Assortative, Relational, and Proximity Mechanisms ［J］. Annual Review of Sociology, 2010, 36 (1): 91 – 115.

［137］ Shipilov A V, Li S X. The missing link: The effect of customers on the formation of relationships among producers in the multiplex triads ［J］. Organization Science, 2012, 23 (2): 472 – 491.

［138］ Kang M J, Hwang J. Structural dynamics of innovation networks funded by the European Union in the context of systemic innovation of the renewable energy sector ［J］. Energy Policy, 2016, 96: 471 – 490.

［139］ Lucena-Piquero D, Vicente J. The visible hand of cluster policy makers: An analysis of Aerospace Valley (2006 – 2015) using a place-based network methodology ［J］. Research Policy, 2019, 48 (3): 830 – 842.

［140］ 党兴华, 孙永磊. 技术创新网络位置对网络惯例的影响研究——以组织间信任为中介变量 ［J］. 科研管理, 2013, 34 (4): 1 – 8.

［141］ 常红锦, 党兴华, 杨有振. 创新网络惯例与关系稳定—信任的中介作用 ［J］. 科研管理, 2017, 38 (11): 10 – 17.

［142］ 刘景东, 朱梦妍. 技术创新网络惯例的治理功能及维度构建 ［J］. 管理科学, 2019, 32 (3): 106 – 119.

［143］ Lee Y, Song Y. Selecting the key research areas in nano-technology field using technology cluster analysis: A case study based on National R&D Programs in South Korea ［J］. Technovation, 2007, 27 (1): 57 – 64.

［144］ Chang C K N, Breitzman A. Using patents prospectively to identify emerging, high-impact technological clusters ［J］. Research Evaluation, 2009, 18 (5): 357 – 364.

［145］ Lee H, Lee S, Yoon B. Technology clustering based on evolutionary patterns: The case of information and communications technologies ［J］. Technological Forecasting and Social Change, 2011, 78 (6): 953 – 967.

［146］ 吕一博, 聂婧斐, 刘泉山, 等. 产业技术群体分化对创新扩

散的影响研究 [J]. 科研管理, 2020, 41 (5): 78 - 88.

[147] Lancichinetti A, Kivela M, Saramaki J et al. Characterizing the community structure of complex networks [J]. PLOS ONE, 2010, 5 (8): 1 - 8.

[148] Shi X, Lu L, Zhang W et al. Structural network embeddedness and firm incremental innovation capability: the moderating role of technology cluster [J]. Journal of Business & Industrial Marketing, 2020, ahead-of-print.

[149] 李莉, 林海芬, 程露, 等. 技术群体成员变动、知识流耦合与产业创新网络抗毁性: 技术异质性的调节作用 [J]. 管理工程学报, 2022, 36 (1): 25 - 36.

[150] Li L, Lin H, Lyu Y. Technology cluster coupling and invulnerability of industrial innovation networks: the role of centralized structure and technological turbulence [J]. Scientometrics, 2022, 127 (3): 1209 - 1231.

[151] 党兴华, 成泷, 魏龙. 技术创新网络分裂断层对子群极化的影响研究——基于网络嵌入性视角 [J]. 科学学研究, 2016 (5): 781 - 792.

[152] Su Y, Vanhaverbeke W. How do different types of interorganizational ties matter in technological exploration? [J]. Management Decision, 2019, 57 (8): 2148 - 2176.

[153] 刘天卓, 陈晓剑. 产业集群的生态属性与行为特征研究 [J]. 科学学研究, 2006 (2): 197 - 201.

[154] 黄鲁成, 李江. 专利技术种群增长的生态过程: 协同与竞争——以光学光刻技术种群为例 [J]. 研究与发展管理, 2010, 22 (2): 24 - 31.

[155] 林婷婷. 产业技术创新生态系统研究 [D]. 哈尔滨: 哈尔滨工程大学, 2012.

［156］张利飞. 创新生态系统技术种群非对称耦合机制研究［J］. 科学学研究，2015（7）：1100 - 1108.

［157］Wang J，Yang N，Zhang Y et al. Dynamics of firm's network community associations and firm's innovation performance［J］. Technology Analysis & Strategic Management，2020，32（3）：239 - 255.

［158］刘娜，嵇金星，毛荐其，等. 发明者网络社群动态配置及对创新能力的影响［J］. 科研管理，2021，42（9）：44 - 51.

［159］赵炎，孟庆时. 创新网络中基于结派行为的企业创新能力评价［J］. 科研管理，2014，35（7）：35 - 43.

［160］赵炎，徐悦蕾. 蛇足再强也无益——派系度，外接企业与团体创新绩效［J］. 科研管理，2018，39（4）：32 - 42.

［161］赵炎，冯薇雨，郑向杰. 联盟网络中派系与知识流动的耦合对企业创新能力的影响［J］. 科研管理，2016（3）：51 - 58.

［162］Jacob J，Duysters G. Alliance network configurations and the co-evolution of firms' technology profiles：An analysis of the biopharmaceutical industry［J］. Technological Forecasting and Social Change，2017，120：90 - 102.

［163］冯科，曾德明. 技术融合距离的聚类特征与影响因素——基于大规模专利数据的实证研究［J］. 管理评论，2019，31（8）：97 - 109.

［164］慎金花，闫倩倩，孙乔宣，等. 基于专利数据挖掘的技术融合识别与技术机会预测研究——以电动汽车产业为例［J］. 图书馆杂志，2019，38（10）：95 - 106.

［165］陈悦，王康，宋超，等. 基于技术融合视角下的人工智能技术嵌入态势研究［J］. 科学学研究，2021，39（8）：1448 - 1458.

［166］刘娜，武宪云，毛荐其. 发明者自我网络动态对知识搜索的影响［J］. 科学学研究，2019，37（4）：689 - 700.

［167］张娜，孙超. 网络社群结构动态对企业创新绩效的影响研究

[J]. 科学学研究, 2022, 40 (4): 734 – 745.

[168] Pressman R, Maxim B. Software Engineering: A Practitioner's Approach 9th Edition [M]. 2019.

[169] 郝生宾, 于渤, 吴伟伟. 企业网络能力与技术能力的耦合度评价研究 [J]. 科学学研究, 2009, 27 (2): 250 – 254.

[170] 党兴华, 张首魁. 模块化技术创新网络结点间耦合关系研究 [J]. 中国工业经济, 2005 (12): 85 – 91.

[171] 张首魁, 党兴华. 技术创新网络组织绩效研究: 基于结点耦合关系的视角 [J]. 软科学, 2009, 23 (9): 84 – 87.

[172] Kude T, Dibbern J. Tight versus Loose Organizational Coupling within Inter-Firm Networks in the Enterprise Software Industry [J]. International academy of business and economics, 2009: 7 (2): 509 – 522.

[173] 王亚娟, 刘益, 张钰. 关系价值还是关系陷入? ——供应商与客户关系耦合的权变效应研究 [J]. 管理评论, 2014, 26 (2): 165 – 176.

[174] Hofman E, Halman J I M, Looy B V. Do design rules facilitate or complicate architectural innovation in innovation alliance networks? [J]. Research Policy, 2016, 45 (7): 1436 – 1448.

[175] Behfar S K, Turkina E, Burger-Helmchen T. Knowledge management in OSS communities: Relationship between dense and sparse network structures [J]. International Journal of Information Management, 2018, 38 (1): 167 – 174.

[176] 苏屹, 安晓丽, 孙莹, 等. 区域创新系统耦合度测度模型构建与实证研究 [J]. 系统工程学报, 2018, 33 (3): 398 – 411.

[177] 贾卫峰, 党兴华. 技术创新网络中核心企业形成的三状态模型研究——基于企业间关系耦合的分析 [J]. 科学学研究, 2010 (11): 1750 – 1757.

[178] Yayavaram S, Chen W. Changes in firm knowledge couplings and

firm innovation performance: The moderating role of technological complexity [J]. Strategic Management Journal, 2015, 36 (3): 377 – 396.

[179] 单子丹, 高长元, 李小雯. 高技术知识转移的耦合体系与网络变迁: 基于虚拟产业集群的仿真分析 [J]. 管理评论, 2015, 27 (9): 29 – 39.

[180] 周惠平. 协同创新网络中知识域耦合及其对企业二元创新的影响研究 [D]. 长沙: 湖南大学, 2018.

[181] 于飞, 刘明霞, 王凌峰, 等. 知识耦合对制造企业绿色创新的影响机理——冗余资源的调节作用 [J]. 南开管理评论, 2019, 22 (3): 54 – 65.

[182] 张首魁, 党兴华, 李莉. 松散耦合系统: 技术创新网络组织结构研究 [J]. 中国软科学, 2006 (9): 122 – 129.

[183] Dubois A, Gadde L E. The construction industry as a loosely coupled system: implications for productivity and innovation [J]. Construction Management & Economics, 2002, 20 (7): 621 – 631.

[184] 李会军, 席酉民, 葛京. 松散耦合研究对协同创新的启示 [J]. 科学学与科学技术管理, 2015, 36 (12): 109 – 118.

[185] 李莉, 吕一博. 产业技术群间关系耦合与网络抗毁性: 一个中介效应研究 [J]. 管理评论, 2023, 35 (3): 116 – 124.

[186] 卢燕, 汤建影, 黄瑞华. 合作研发伙伴选择影响因素的实证研究 [J]. 研究与发展管理, 2006 (1): 52 – 58.

[187] 李靖华, 常晓然. 基于元分析的知识转移影响因素研究 [J]. 科学学研究, 2013, 31 (3): 394 – 406.

[188] 吴松强, 曹刘, 王路. 联盟伙伴选择、伙伴关系与联盟绩效——基于科技型小微企业的实证检验 [J]. 外国经济与管理, 2017, 39 (2): 17 – 35.

[189] 毕克新, 黄平, 李婉红. 产品创新与工艺创新知识流耦合影响因素研究——基于制造业企业的实证分析 [J]. 科研管理, 2012, 33

(8)：16 - 24.

[190] 施国平，陈德棉，党兴华，等. 网络社群成员变动对风投机构投资绩效的影响 [J]. 管理学报，2019，16 (10)：1486 - 1497.

[191] Lyu Y, He B, Zhu Y et al. Network embeddedness and inbound open innovation practice: The moderating role of technology cluster [J]. Technological Forecasting and Social Change, 2019, 144: 12 - 24.

[192] Schilling M A, Phelps C C. Interfirm Collaboration Networks: The Impact of Large-Scale Network Structure on Firm Innovation [J]. Management Science, 2007, 53 (7): 1113 - 1126.

[193] Tiwana A. Do bridging ties complement strong ties? An empirical examination of alliance ambidexterity [J]. Strategic management journal, 2008, 29 (3): 251 - 272.

[194] Fang C, Lee J, Schilling M A. Balancing Exploration and Exploitation Through Structural Design: The Isolation of Subgroups and Organizational Learning [J]. Organization Science, 2009, 21 (3): 625 - 642.

[195] Provan K G, Fish A, Sydow J. Interorganizational Networks at the network level: A review of the empirical literature on whole networks [J]. Journal of Management, 2007, 33 (3): 479 - 516.

[196] Otte E, Rousseau R. Social Network Analysis: A Powerful Strategy, also for the Information Sciences [J]. Journal of Information Science, 2002, 28: 441 - 453.

[197] Butts C T. Social network analysis: A methodological introduction [J]. Asian Journal of Social Psychology, 2008, 11 (1): 13 - 41.

[198] Kajikawa Y, Takeda Y, Sakata I et al. Multiscale analysis of interfirm networks in regional clusters [J]. Technovation, 2010, 30 (3): 168 - 180.

[199] Gardet E, Mothe C. The Dynamics of Coordination in Innovation Networks [J]. European Management Review, 2011, 8 (4): 213 - 229.

［200］ Choe H，Lee D H，Seo I W et al. Patent citation network analysis for the domain of organic photovoltaic cells：Country，institution，and technology field ［J］. Renewable and Sustainable Energy Reviews，2013，26：492 – 505.

［201］ Kim D H，Lee B K，Sohn S Y. Quantifying technology-industry spillover effects based on patent citation network analysis of unmanned aerial vehicle （UAV）［J］. Technological Forecasting and Social Change，2016，105：140 – 157.

［202］ Balachandra P，Kristle Nathan H S，Reddy B S. Commercialization of sustainable energy technologies ［J］. Renewable Energy，2010，35 （8）：1842 – 1851.

［203］ Johnstone N，Haščič I，Popp D. Renewable Energy Policies and Technological Innovation：Evidence Based on Patent Counts ［J］. Environmental and Resource Economics，2010，45 （1）：133 – 155.

［204］ Popp D，Santen N，Fisher-Vanden K et al. Technology variation vs. R&D uncertainty：What matters most for energy patent success? ［J］. Resource and Energy Economics，2013，35 （4）：505 – 533.

［205］ Huang M，Yang H，Chen D. Increasing science and technology linkage in fuel cells：A cross citation analysis of papers and patents ［J］. Journal of Informetrics，2015，9 （2）：237 – 249.

［206］ Chanchetti L F，Oviedo Diaz S M，Milanez D H et al. Technological forecasting of hydrogen storage materials using patent indicators ［J］. International Journal of Hydrogen Energy，2016，41 （41）：18301 – 18310.

［207］ 马荣康，刘凤朝. 基于专利许可的新能源技术转移网络演变特征研究 ［J］. 科学学与科学技术管理，2017 （6）：65 – 76.

［208］ 赵蓉英，全薇. 基于 USPTO 的锂电池专利引用状况分析 ［J］. 信息资源管理学报，2017 （1）：70 – 78.

［209］ Jaffe A B，Trajtenberg M，Henderson R. Geographic localization of knowledge spillovers as evidenced by patent citations ［J］. The Quarterly journal of Economics, 1993, 108 (3): 577 – 598.

［210］ Archibugi D, Planta M. Measuring technological change through patents and innovation surveys ［J］. Technovation, 1996, 16 (9): 451 – 468.

［211］ Huang M, Yang H. A Scientometric Study of Fuel Cell Based on Paper and Patent Analysis ［J］. Journal of Library and Information Studies, 2013, 11 (2): 1 – 24.

［212］ Nordensvard J, Zhou Y, Zhang X. Innovation core, innovation semi-periphery and technology transfer: The case of wind energy patents ［J］. Energy Policy, 2018, 120: 213 – 227.

［213］ Yun S, Lee J, Lee S. Technology development strategies and policy support for the solar energy industry under technological turbulence ［J］. Energy Policy, 2019, 124: 206 – 214.

［214］ Guan J, Zhang J, Yan Y. The impact of multilevel networks on innovation ［J］. Research Policy, 2015, 44 (3): 545 – 559.

［215］ Moody J, Coleman J. Clustering and Cohesion in Networks: Concepts and Measures ［M］. International Encyclopedia of the Social & Behavioral Sciences (Second Edition), Wright J D, Oxford: Elsevier, 2015: 906 – 912.

［216］ 成泷, 党兴华, 肖瑶. 网络多样性视角下分裂断层对子群极化的影响研究 ［J］. 管理评论, 2017 (9): 95 – 109.

［217］ 张悦, 梁巧转. 团队核心角色变动的动态机制研究——基于间断平衡理论的分析 ［J］. 外国经济与管理, 2016, 38 (7): 76 – 85.

［218］ 吴红红. 基于生命周期的产业技术创新战略联盟成员变动研究 ［D］. 绵阳: 西南科技大学, 2016.

［219］ Wang J, Yang N. Dynamics of collaboration network community and exploratory innovation: the moderation of knowledge networks ［J］. Scientometrics，2019，121：1 – 18.

　［220］刘娜，嵇金星，毛荐其，等．发明者网络社群系统识别、结构动态及对创新绩效的影响——网络位置的双重调节作用［J］．科技进步与对策，2020：1 – 10.

　［221］Ahuja G. Collaboration Networks，Structural Holes，and Innovation：A Longitudinal Study ［J］. Administrative Science Quarterly，2000，45（3）：425 – 455.

　［222］Vanhaverbeke W，Gilsing V，Beerkens B et al. The Role of Alliance Network Redundancy in the Creation of Core and Non-core Technologies ［J］. Journal of Management Studies，2009，46（2）：215 – 244.

　［223］党兴华，刘景东．技术异质性及技术强度对突变创新的影响研究——基于资源整合能力的调节作用［J］．科学学研究，2013，31（1）：131 – 140.

　［224］Powell W，Koput K，Smith-Doerr L. Interorganizational Collaboration and the Locus of Innovation：Networks of Learning in Biotechnology ［J］. Administrative Science Quarterly，1996，41：116 – 145.

　［225］陈祖胜，任浩，林明．知识互补性对研发网络内异位势企业间联盟的影响——基于知识基础结构的调节效应［J］．预测，2015，34（2）：28 – 33.

　［226］Koka B，Prescott J. Designing alliance networks：The influence of network position，environmental change，and strategy on firm performance ［J］. Strategic Management Journal，2008，29：639 – 661.

　［227］Vedres B，Stark D. Structural folds：Generative disruption in overlapping groups ［J］. American Journal of Sociology，2010，115（4）：1150 – 1190.

　［228］叶江峰，任浩，郝斌．企业间知识异质性、联盟管理能力与创新绩效关系研究［J］．预测，2015（6）：14 – 20.

　［229］Still M，Strang D. Who Does an Elite Organization Emulate? ［J］.

Administrative Science Quarterly, 2009, 54: 58 – 89.

[230] 陈祖胜, 叶江峰, 林明, 等. 联盟企业的网络位置差异、行业环境与网络位置跃迁 [J]. 管理科学, 2018, 31 (2): 96 – 104.

[231] Sampson R C. R&D alliances and firm performance: The impact of technological diversity and alliance organization on innovation [J]. Academy of management journal, 2007, 50 (2): 364 – 386.

[232] 张梦晓, 高良谋. 驱动与阻碍: 网络位置影响知识转移的系统动力学研究 [J]. 科技进步与对策, 2019, 36 (22): 135 – 142.

[233] Aiken L S, West S G. Multiple regression: testing and interpreting interactions-Institute for Social and Economic Research (ISER) [J]. Evaluation Practice, 1991, 14 (2): 167 – 168.

[234] 李莉, 林海芬, 程露, 等. 内外向开放式创新非对称对产业创新网络抗毁性的影响 [J]. 管理学报, 2020, 17 (10): 1514 – 1522.

[235] Wal A L J T, Boschma R. Applying social network analysis in economic geography: framing some key analytic issues [J]. Annals of Regional Science, 2009, 43 (3): 739 – 756.

[236] Thomas B, Uwe C, Holger G. Innovation Networks: Measurement, Performance and Regional Dimensions [J]. Industry & Innovation, 2011, 18 (1): 1 – 5.

[237] Mazzola E, Bruccoleri M, Perrone G. The effect of inbound, outbound and coupled innovation on performance [J]. International Journal of Innovation Management, 2012, 16 (6).

[238] 张振刚, 李云健, 陈志明. 双向开放式创新与企业竞争优势的关系 [J]. 管理学报, 2014, 11 (8): 1184 – 1190.

[239] Van der Meer H. Open innovation-the Dutch treat: challenges in thinking in business models [J]. Creativity and innovation management, 2007, 16 (2): 192 – 202.

[240] Bianchi M, Cavaliere A, Chiaroni D et al. Organisational modes

for Open Innovation in the bio-pharmaceutical industry：An exploratory analysis [J]. Technovation, 2011, 31 (1)：22 – 33.

［241］Michelino F, Caputo M, Cammarano A et al. Inbound and out-bound open innovation：organization and performances [J]. Journal of technology management & innovation, 2014, 9 (3)：65 – 82.

［242］Mazzola E, Perrone G, Kamuriwo D S. Network embeddedness and new product development in the biopharmaceutical industry：The modera-ting role of open innovation flow [J]. International Journal of Production Economics, 2015, 160：106 – 119.

［243］Laursen K, Salter A. Open for innovation：the role of openness in explaining innovation performance among U. K. manufacturing firms [J]. Strategic Management Journal, 2006, 27 (2)：131 – 150.

［244］陈钰芬, 陈劲. 开放度对企业技术创新绩效的影响 [J]. 科学学研究, 2008 (2)：419 – 426.

［245］霍苗, 李凯, 李世杰. 根植性、路径依赖性与产业集群发展 [J]. 科学学与科学技术管理, 2011, 32 (11)：105 – 110.

［246］Schmidt R, Gerald S. Path Dependence, Corporate Governance and Complementarity [J]. International Finance, 2002, 5：311 – 333.

［247］Mukherjee P. How chilling are network externalities? The role of network structure [J]. International Journal of Research in Marketing, 2014, 31 (4)：452 – 456.

［248］孙冰, 田胜男, 姚洪涛. 创新网络的小世界效应如何影响突围性技术扩散——基于转换成本的调节作用 [J]. 管理评论, 2018, 30 (3)：72 – 81.

［249］Nartey L J, Henisz W J, Dorobantu S. Status Climbing vs. Bridging：Multinational Stakeholder Engagement Strategies [J]. Strategy Science, 2018, 3 (2)：367 – 392.

［250］Balland P, Belso-Martínez J A, Morrison A. The dynamics of technical and business knowledge networks in industrial clusters: Embeddedness, status, or proximity? [J]. Economic Geography, 2016, 92 (1): 35 –60.

[251] Bai Y, Huang N, Wang L et al. Robustness and Vulnerability of Networks with Dynamical Dependency Groups [J]. Scientific Reports, 2016, 6.

[252] Gulati R, Sytch M. Dependence asymmetry and joint dependence in interorganizational relationships: Effects of embeddedness on a manufacturer's performance in procurement relationships [J]. Administrative science quarterly, 2007, 52 (1): 32 –69.

[253] Changjian D. The Robustness Analysis of Wireless Sensor Networks under Uncertain Interference [J]. The Scientific World Journal, 2013.

[254] 赵丹玲, 谭跃进, 李际超, 等. 基于异质网络的武器装备体系结构抗毁性研究 [J]. 系统工程理论与实践, 2019, 39 (12): 3197 –3207.

[255] Peng G, Wu J. Optimal network topology for structural robustness based on natural connectivity [J]. Physica A: Statistical Mechanics and its Applications, 2016, 443: 212 –220.

[256] 谭跃进, 吴俊. 网络结构熵及其在非标度网络中的应用 [J]. 系统工程理论与实践, 2004 (6): 1 –3.

[257] Yang Y, Liu Y, Zhou M et al. Robustness assessment of urban rail transit based on complex network theory: A case study of the Beijing Subway [J]. Safety Science, 2015, 79: 149 –162.

[258] Freeman L C. Centrality in social networks conceptual clarification [J]. Social networks, 1978, 1 (3): 215 –239.

[259] Hu Y, Mcnamara P, Mcloughlin D. Outbound open innovation in bio-pharmaceutical out-licensing [J]. Technovation, 2015, 35: 46 –58.

[260] Shi X, Zhang Q. Network inertia and inbound open innovation: is there a bidirectional relationship? [J]. Scientometrics, 2020, 122 (2):

791 – 815.

[261] Hislop D. The effect of network size on intra-network knowledge processes [J]. Knowledge Management Research & Practice, 2005, 3 (4): 244 – 252.

[262] Burt R S. Structural holes: The social structure of competition [M]. Harvard University Press, 1992.

[263] Alexander, Schroll, Andreas et al. Open innovation modes and the role of internal R&D: An empirical study on open innovation adoption in Europe [J]. European Journal of Innovation Management, 2011, 14 (4): 475 – 495.

[264] Sikimic U, Chiesa V, Frattini F et al. Investigating the influence of technology inflows on technology outflows in open innovation processes: a longitudinal analysis [J]. Journal of Product Innovation Management, 2016, 33 (6): 652 – 669.

[265] Hayes A F. Beyond Baron and Kenny: Statistical mediation analysis in the new millennium [J]. Communication monographs, 2009, 76 (4): 408 – 420.

[266] Preacher K J, Hayes A F. SPSS and SAS procedures for estimating indirect effects in simple mediation models [J]. Behavior research methods, instruments & computers, 2004, 36 (4): 717 – 731.

[267] Montoya R M, Horton R S. A meta-analytic investigation of the processes underlying the similarity-attraction effect [J]. Journal of Social & Personal Relationships, 2012, 30 (1): 64 – 94.

[268] Cestone G, White L, Lerner J. The design of syndicates in venture capital [J]. Social ence Electronic Publishing, 2006.

[269] Dev P. Homophily and Community Structure in Networks [J]. Journal of Public Economic Theory, 2016, 18 (2): 268 – 290.

[270] Vazquez A, Rácz B, Lukács A et al. Impact of non-poissonian

activity patterns on spreading processes [J]. Physical review letters, 2007, 98.

[271] Ahuja G, Polidoro F, Mitchell W. Structural homophily or social asymmetry? The formation of alliances by poorly embedded firms [J]. Strategic Management Journal, 2009, 30 (9): 941 −958.

[272] Crespo J, Amblard F, Vicente J. Simulating micro behaviours and structural properties of knowledge networks: toward a 'One Size Fits One' cluster policy [J]. Social ence Electronic Publishing, 2015: 1 −20.

[273] Goerzen A. Alliance networks and firm performance: The impact of repeated partnerships [J]. Strategic Management Journal, 2007, 28 (5): 487 −509.

[274] Candi M, Ende J V D, Gemser G. Organizing innovation projects under technological turbulence [J]. Technovation, 2013, 33 (4): 133 − 141.

[275] 王媛, 曾德明, 陈静, 等. 技术融合、技术动荡性与新产品开发绩效研究 [J]. 科学学研究. 2020, 38 (3): 488 −495.

[276] Wu L, Liu H, Zhang J. Bricolage effects on new-product development speed and creativity: The moderating role of technological turbulence [J]. Journal of Business Research, 2017, 70: 127 −135.

[277] Lee C, Wang M, Huang Y. The double-edged sword of technological diversity in R&D alliances: Network position and learning speed as moderators [J]. European Management Journal, 2015, 33 (6): 450 −461.

[278] Wen J, Qualls W J, Zeng D. To explore or exploit: The influence of inter-firm R&D network diversity and structural holes on innovation outcomes [J]. Technovation, 2020.

[279] Lin C, Chang C. The effect of technological diversification on organizational performance: An empirical study of S&P 500 manufacturing firms [J]. Technological Forecasting and Social Change, 2015, 90: 575 −586.

［280］赵健宇，付程，袭希. 知识嵌入性、知识流动与战略联盟结构升级的关系研究［J］. 管理评论，2020，32（1）：91－106.

［281］王文平，张兵. 动态关系强度下知识网络知识流动的涌现特性［J］. 管理科学学报，2013，16（2）：1－11.

［282］余维新，熊文明，黄卫东，等. 创新网络关系治理对知识流动的影响机理研究［J］. 科学学研究，2020，38（2）：373－384.

［283］Song T，Tang Q，Huang J. Triadic closure，homophily，and reciprocation：An empirical investigation of social ties between content providers［J］. Information Systems Research，2019，30（3）：912－926.

［284］Cruz-González J，López-Sáez P，Navas-López J E et al. Open search strategies and firm performance：The different moderating role of technological environmental dynamism［J］. Technovation，2015，35：32－45.

［285］Chiang Y，Hung K. Exploring open search strategies and perceived innovation performance from the perspective of inter-organizational knowledge flows［J］. R&D Management，2010，40（3）：292－299.

［286］Mäs M，Flache A，Takács K et al. In the short term we divide，in the long term we unite：demographic crisscrossing and the effects of faultlines on subgroup polarization［J］. Organization Science，2012，24（3）：716－736.

［287］Sampson R C. R&D alliances and firm performance：the impact of technological diversity and alliance organization on innovation［J］. The Academy of Management Journal，2007，50（2）：364－386.

［288］Phelps C C. A longitudinal study of the influence of alliance network structure and composition on firm exploratory innovation［J］. Academy of Management Journal，2010，53（4）：890－913.

［289］Vrande V V D. Balancing your technology-sourcing portfolio：How sourcing mode diversity enhances innovative performance［J］. Strategic Management Journal，2014，34（5）：610－621.

［290］Danneels E, Sethi R. New product exploration under environmental turbulence ［J］. Organization Science, 2011, 22: 1026 – 1039.

［291］冯军政. 企业突破性创新和破坏性创新的驱动因素研究——环境动态性和敌对性的视角 ［J］. 科学学研究, 2013, 31 (9): 1421 – 1432.

［292］Chen Y, Chang K. Using the entropy-based patent measure to explore the influences of related and unrelated technological diversification upon technological competences and firm performance ［J］. Scientometrics, 2012, 90 (3): 825 – 841.

［293］Carnabuci G, Operti E. Where do firms' recombinant capabilities come from? Intraorganizational networks, knowledge, and firms' ability to innovate through technological recombination ［J］. Strategic Management Journal, 2013, 34 (13): 1591 – 1613.

［294］魏江, 应瑛, 刘洋. 研发活动地理分散性、技术多样性与创新绩效 ［J］. 科学学研究, 2013, 31 (5): 772 – 779.

［295］Chiu Y, Lai H, Lee T et al. Technological diversification, complementary assets, and performance ［J］. Technological Forecasting and Social Change, 2008, 75 (6): 875 – 892.

［296］Baron R M A D. The moderator-mediator variable distinction in social psychological research: Conceptual, strategic, and statistical considerations ［J］. Journal of personality and social psychology, 1986, 51 (6): 1173.

［297］于飞, 胡泽民, 董亮, 等. 知识耦合对企业突破式创新的影响机制研究 ［J］. 科学学研究, 2018, 36 (12): 2292 – 2304.

［298］Dooley L, Osullivan D. Managing within distributed innovation networks ［J］. International Journal of Innovation Management, 2007, 11 (3): 397 – 416.